智读汇

连接更多书与书，书与人，人与人。

NO DESIGN NO PROFIT

利润是设计出来的

方岚 著

中华工商联合出版社

图书在版编目（CIP）数据

利润是设计出来的 / 方岚著 . — 北京：中华工商联合出版社，2021.7
ISBN 978-7-5158-3048-3

Ⅰ . ①利… Ⅱ . ①方… Ⅲ . ①企业利润—企业管理—研究 Ⅳ . ① F275.4

中国版本图书馆CIP数据核字（2021）第126726号

利润是设计出来的

作　　者：	方　岚
出 品 人：	李　梁
责任编辑：	付德华　关山美
装帧设计：	王桂花　洪玲萍
责任审读：	于建廷
责任印制：	迈致红
出版发行：	中华工商联合出版社有限责任公司
印　　刷：	涿州市旭峰德源印刷有限公司
版　　次：	2021年9月第1版
印　　次：	2023年4月第2次印刷
开　　本：	710mm×1000mm　1/16
字　　数：	185千字
印　　张：	13.25
书　　号：	ISBN 978-7-5158-3048-3
定　　价：	59.90元

服务热线：010-58301130-0（前台）
销售热线：010-58301132（发行部）
　　　　　010-58302977（网络部）
　　　　　010-58302837（馆配部）
　　　　　010-58302813（团购部）
地址邮编：北京市西城区西环广场A座
　　　　　19-20层，100044
http://www.chgslcbs.cn
投稿热线：010-58302907（总编室）
投稿邮箱：1621239583@qq.com

**工商联版图书
版权所有　侵权必究**

凡本社图书出现印装质量问题，请与印务部联系。
联系电话：010-58302915

推荐序一

做企业这么多年，我一直在努力寻找一种方法，可以让公司管理更科学和完善，让公司更有强健勃发的生命力，而全面预算管理就是其中一件重要的利器。回想十年前，与很多创业企业一样，彼时的我们还在沿用简单朴素的经营管理方法，财务往往只是提供结果。很荣幸遇到了方老师，是她和她的团队为我们引入了成熟的全面预算管理概念，不仅夯实了我们团队的财务知识基础，让我们有了共同的预算语言，更为重要的是，培养了信维人基于预算来倒推经营的思维方式。到今天，这种思维方式已经深深嵌入到公司的价值观和每年的标准管理动作中，成为战略目标与经营结果衔接的至为关键的一环。

全面预算，知易行难。制定一个营收或利润目标，用财务的语言，各个科目把它落实下去，并转头过来调整业务规划与之匹配，这看起来似乎是一个很简单的方式，但真要做出来却并不容易。这也是方老师此书更难能可贵的原因。她书中所提到的各种经营预算的"坑"，估计有很多我和我的团队都踩过。很多案例经验，也有我们血与泪的教训的影子。所以对于那些还在创业途中的同僚，我非常推荐你们认真揣摩各个案例与经验点，有些"坑"你们可能已在面对，有些"坑"也可能还在你们未来的路上。

企业通往百亿或千亿之路，总还会遇到更多更复杂的问题，就像本书中所提到的，有些老"坑"我们已经通过预算管理解决了，还有些老"坑"我们现在还在反复踩，更有些新"坑"我们还未找到好的解决办法，很多问题已经需要扩展到战略、业务、组织和人的角度去反复斟酌，找寻出路。

我很荣幸仍能从方老师新书中得到启发，思考企业可能面临的种种问题。有几点我非常赞同。

一是数字化管理。

管理者一定要用数据说话，且用统一规范的语言表达。决策沟通的效率是这个时代制胜的法宝，任何变化一来，如果团队都能快速用统一的数据化语言达成一致，那就总能比别人跑得早，跑得准。

二是从研发阶段就考虑利润设计非常重要。

当前，价格竞争会更加残酷，如果不能在最开始就以低目标价格去设计产品和相应成本，那么想要达成毛利目标将会更加困难。

三是用 EVA 来思考真正的预算目标。

现在这个时代有"危"也有"机"，如果不能充分把资金占用和利润结合起来看，尤其对有多个事业部的公司来说，很有可能抓不住真正的价值点，挣回来的也是"假利润"，这也是我最近在思考要改变的地方。

这本书中有很多干货和真实的案例，除了对企业一把手有启发意义外，也适合很多财务专业和其他管理人员参阅。愿大家都有全面的经营视野，洞悉预算与业务，达成本书所说的目标——"把利润设计出来"。

深圳市信维通信股份有限公司董事长

彭浩

推荐序二

十一长假期间，细细品读了方岚的新作《利润是设计出来的》，强烈地感受到她字里行间所流露出的对于企业经营管理内涵的真知灼见，个人感觉其诠释的理念已超越了普遍认知的会计实操层面，已然达到了与企业经营实践深度融合的境界。

《大数据时代》作者维克托·迈尔·舍恩伯格教授指出，数据化时代的来临使人类第一次有机会和条件，在非常多的领域和非常深入的层次获得和使用全面数据、完整数据和系统数据，深入探索现实世界的规律，获取过去不可能获取的知识，得到过去无法企及的商机。本书以管理会计的核心思维——数据和逻辑为中心，从数字化升级入手，呈现了数据化经营的三大好处，并且提出了企业经营决策数据的三大维度：财务数据、业务数据和行为数据，以及三大维度之间的逻辑关联，目的是推动企业管理的各单元能实现更全面、更精准、更协同的高效运行。

记得1950年，日本一位叫丰田英二的工程师，赴美国福特公司研究了三个月，一方面学习福特的汽车生产和管理方法，另一方面努力在此基础上改进提高。他矢志于建立理想中的企业：消灭不能给产品或服务的最终用户带来好处的所有活动，同时，不断地寻找并贯彻实施更优的方法、措施和工具。方岚老师的DBOE：看决策数据、找经营规律、建成功标准、划管理重点，正是这样的一种管理系统和管理工具。这套管理系统由五大相互支撑而又彼此约束的子系统——目标、规划、训练、考核和文化——组成，而与之配套的管理工具是针对管理问题固化的优秀解决手段和方案，包括理论、模型、格式、方法、思考方式、路径等。在今天这个信息社会，企业的运营管理必须要有系统和工具的支撑，否则企业的稳定与提高就成了无源之水，因为系统和工具是稳定的管理要素的体现，是科学的解决手段。

我们再来走进《利润是设计出来的》。企业要根据自己的行业，结合公司战略甚至价值链上的战略来做利润设计。产业不同，盈利模式不同；产品不同，盈利模式不同；区域不同，盈利模式不同；渠道不同，盈利模式不同。这些管理实践的最终结果昭示我们：企业经营要找长板，管理要找短板，经营的属性主要是外向的，管理的属性主要是内向的。因此，必须要找到企业最擅长的是什么，放大优势、利用优势，以己之长攻彼之短。企业从小变大更多依靠的是自身优势，但长期的持续发展必须由自己内在因素支撑，理论是理论，实践是实践，不能片面地运用理论来解释和看待实践问题。

"一起重大的飞行安全事故背后有29个事故征兆，每个征兆背后有300个事故苗头，每个苗头背后有1000个事故隐患。"这就是著名的海恩法则。任何事故，看似是偶然发生，但当引发事故的因素结合在一起，事故的发生就会变成必然。事故隐患就是管理体系中的风险点，要消除安全事故，就必须消除事故的隐患；要排除风险点，就必须建立高效、实用的企业风险管理体系。企业风险管理体系往往具有以下特点：有充足的准备；时刻不能掉以轻心；从前车之鉴中吸取经验并加以完善。事实告诉我们，"千里之堤，溃于蚁穴"，在企业经营实践中要努力将工作重心从"出现问题后再解决"转移到"提前发现问题并加以解决"。

将管理会计的理念认知融合企业经营管理的持续改善是《利润是设计出来的》给我的最大感受。因此，该书隽永宝贵的理念不仅使我们学习到让人受益匪浅的管理会计知识，其所蕴含的管理哲理还会为推动企业精细化持续改善带来积极的指导作用。

光明食品集团资产经营管理有限公司党委书记、董事长

周勇

推荐序三

2017年，新界泵业扣非后净利润率只有6.7%，这是新界公司历史上最差的一年。我知道，公司出现了系统性的问题，需要变革。这一年，一位企业家朋友向我推荐了上海坤睿咨询公司，我有幸认识了方岚老师。2017年8月13日，坤睿咨询正式进驻新界泵业，解剖、分析各种数据，找到了许多问题的症结，为变革指明了方向，为决策提供了关键的数据支撑。2018年，新界扣非后净利润增长了25%，成为新界泵业变革再出发的标志性年份。

都说当前的时代是一个数字化时代，人们往往把"数字化"理解为一种信息处理技术，但根本的关键在于"数字"这个词本身，而不是其实现以及其处理技术，没有数字，就不会有数字化。正如方岚老师在本书中所述的那样，要关注财务数据、业务数据和行为数据，只有同时关注这三方面的数据，才能运筹帷幄。

彼得·德鲁克说，企业存在的目的是"创造顾客"，即为顾客创造价值，推动人类社会不断进步。企业的一切活动都要为用户创造价值，减少或停止一切不能为用户创造价值的活动，如此，企业才能取得高回报、获取高利润。在数字化时代，通过建立数据模型，实施精确的数据分析，找到那些创造和不创造价值的活动，有针对性地开展相应的管理行为，利润就这样被"设计"出来了！

新界泵业（浙江）有限公司董事长、总经理

许敏田

推荐序四

初识坤睿方老师是在中欧商学院知名管理会计黄钰昌老师的课后,是在同学的介绍下认识的。

在没有上管理会计课程的前几年,我从事销售工作。我曾请教过一位从事多年成本会计的老师:我销售的产品到底挣不挣钱?结果他给我的答案是:"卖一个产品亏20%。"我百思不得其解:为什么亏本老板还愿意去卖?他表示:根据会计规则算出来就是亏本。自从上了管理会计课程之后,我终于明白管理会计对成本的计算方式与传统计算是不一样的。

自从2016年与坤睿合作了战略预算管理咨询项目,才知道我们的管理基础有多差,连基础的数据分类、数据分析会议都没有,更谈不上成本分析、预算管理,所有的决策全凭拍脑袋。坤睿团队手把手地教我们如何开月度经营分析会,如何进行成本分析,如何定目标。在两年的会议中，坤睿帮助我们培养了战略预算管理的意识。

后来，我们陆续引入战略管理与人力资源管理，发现这些管理的基础工作是全面预算管理。如果没有这个基础作为支撑，战略就不能落地；如果激励没有数据支撑，双利润中心的计算就无法准确。

在战略预算管理不断实践与精进的过程中，我体会到了三点管理的常识。

第一，目标管理。

只有定下公司目标才能凝聚共识；只有将公司目标分解成部门目标、个人目标才能最终将目标落地。目标管理的逻辑是先定下一个高目标，如果没能完成这个目标，就要从自身找原因进行差距分析，从而构建提高完成目标的资源与能力，直到达成目标。之后再定一个新的高目标，如此循环。优秀的企业无不是把目标管理做到极致，华为如此，稻盛和夫的京瓷公司如此。

第二，计划管理。

所有的预算目标都是通过计划管理来实现的。计划包括年度经营计划、季度计划、月计划、周计划、日计划。将目标融入计划之中，只要周目标分计划完成了，那么月度计划和年度计划就完成了。计划管理要不断优化与迭代，强调计划与执行的一致性。

第三，流程管理。

企业的各项管理工作无不是靠流程来支撑完成的，只有将业务的最佳实践用流程固化，变成企业依靠流程而不依靠人，这样的企业才有生命力。

目标管理、计划管理、流程管理，是管理的常识。成功的企业都是坚持长期主义,形成反省、学习的文化,不断迭代与精进,把管理的常识做到极致。但真正把基础的管理工作做到极致的企业却少之又少。从本质上看,战略预算管理就是在反复不断地实践这三个管理常识的过程。

江阴市鸿萌橡塑制品有限公司董事长

吴红清

推荐序五

最初看到方总新书的书名"利润是设计出来的"时有点疑惑，心想：这本书该不会是教读者如何进行盈余管理，操控公司利润吧？仔细拜读后才知道，方总的新作旨在帮助读者制定合理的经营目标，设计健康可持续的利润，以实现数字化目标管理。可以说，这是一本难得的好书。

一位高管朋友曾经对我吐槽："去年我们公司的预算完成率是99%，利润完成率是98%，但是老板仍然不满意，认为我们的目标定低了……"其实，很多企业都会面临这个问题：目标定得比较低，没有挑战，很容易就达成了；抑或是目标定得太高，怎么努力都实现不了，导致整个管理层逐渐丧失信心，目标成了摆设。对于这些企业，急需的是专业的人指导他们制定合理的目标，教会他们设计健康可持续的利润。

概括一点，就是数字化目标管理。过去很多企业定目标靠的是经验，凭的是感觉，现在企业经营需要重数据、看逻辑，用数据展现经营逻辑。比如，对于财务人员来说，要想财务数据与业务不脱节，就不能再像以前一样在办公室闭门造车，而是要走出财务办公室解决业务问题；再比如，业务部门管理者，不能再仅凭经验管理，还要关注和积累每一个团队甚至每一位员工的行为数据。最终，财务数据、业务数据、行为数据有效结合，让大家制定的目标更合理，让目标的实现路径更清晰，让企业的利润更加健康可持续。正如方总在书中归纳的一样："看决策数据、找经营规律、建成功标准、划管理重点。"

马云称，在数字化背景下，传统行业会有更多的机会，这也是这个时代的机会，未来十年、二十年，全面的技术化、全面的数字化经济，将推动整个社会各方面变革。本书列举了大量企业数字化目标管理方面的实践经验和成功案例，对于正在探索和进行企业数字化升级和变革的企业管理人员来说，具有很高的实践指导意义。为此，我向朋友们隆重推荐方岚女士的新作《利润是设计出来的》，相信您读后一定会有茅塞顿开、收获满满的感觉。

中国政法大学商学院财务会计系教授
中国政法大学法务会计研究中心主任
张苏彤

推荐序六

方岚同志是我院与香港中文大学合作的高级管理人员会计专业硕士项目（EMPAcc）的学员。

企业除了通过加强预算管理、优化价值链等手段来加强成本管控外，在谋求建立成本优势的过程中，更要注重优化产品设计、流程设计、组织架构设计和制度设计，要舍得投入，更要重视产品质量管控。这恰好是我在课堂上跟大家讨论的重要观点之一。

所以，在看到她新作的书名"利润是设计出来的"时，我毫不犹豫地答应了为她新书作序的请求。

浏览一遍书稿之后，我发现书中讨论的范畴已经远远超出成本和一般意义上的管理会计。作者试图告诉大家的是：必须强化对企业经营管理各方面的系统谋划，才能确保利润之树常青。

我们身处百年未有之大变局，面对高度的不确定性，如何才能打造企业美好的未来呢？古代先贤已经给了我们很好的启示："博学之，审问之，慎思之，明辨之，笃行之。"这本书不是高深的理论著作，但却是作者慎思笃行的结果，能给人带来不少启示。

上海国家会计学院党委书记、院长

李扣庆

前言

我为什么要写《利润是设计出来的》这本书？

2018 年，我回归盛和塾之后，受大家的信任，担任了盛和塾的理事和副理事长。看到那么多有能量的企业家、那么多灵魂之友因为不懂管理会计而承受着发展受困的煎熬，我内心也很焦急。怎样才能让更多的企业家一起健康成长呢？

坤睿的使命是在追求全体坤睿伙伴物质和精神双幸福的同时，应用全球高效的方法论，成就千万受人尊敬的组织。要达成这样的使命，我们就需要满足中小规模企业的需求，何况成长中的企业其实是非常需要有一个比较系统的方法来帮助他们解决层出不穷的问题。书就变成我最好的传播工具了。

哈佛大学说数字化素养是未来十年里面最重要的领导力之一。因此，我在本书的**第 1 章从数字化谈起**。在书中，我们分享了坤睿所理解的数字化、数字化升级的原因、数字化经营与经营数字化的区别、数字化转型的方法。

第 2 章主要讲述数字化目标管理。我先是详细地分析了目标无法完成的九大坑。很多公司目标无法完成的原因在于企业中存在着诸多障碍：其中不少障碍是外部因素，是不可控的；另外，在我们组织的内部，也有着许多不经意的障碍，然而我们却不自知。我通过"小刘们"的预算和财务的预算等，为大家揭开这些年我们在咨询项目中看到的一个个的"坑"，这些"坑"偶然中其实存在着必然。记得我的第一本书《好预算定乾坤》出版之后，有朋友说："方老师，您的书真是说到我内心深处了。您没有来过我们公司，但是感觉您对我们公司了解得清清楚楚。"的确，一家如此，另一家也是如此；大企业如此，小企业也是如此。所以，避开这些坑，可以让目标的实现更加稳健。

要避开这些坑，就需要用到 DBOE 工具，这个工具是管理会计的三大提升的核心。企业经营需要有一个主线，我们围绕"目标"这条主线进行管理会计体系的设计。从开始的经验到现在的产品，再到 DBOE 工具的详细应用。为了让项目实施可以更加顺利，我们整理了上万字的资料，一方面把数字化目标管理体系的关键点和逻辑整理清楚，另一方面就大家不会写行动计划这点，还特地给大家准备了关于输出关键行动计划的逻辑图，这些都是经过多年持续烧脑，总结无数案例的经验教训之后沉淀而成的结果。

第 3 章内容是管理会计的三大体系之盈利体系中的战略成本管理。在各个咨询项目中，我们发现很多非常优秀的伙伴因为不懂成本管理，结果好心办了坏事，甚至闹出了很多乌龙，非常令人痛心。我会在本章中介绍成本管理的六大误区、成本设计和成本控制点等，帮助大家打破固有的成本管理模式，希望大家可以通过科学的成本管理实现最后的盈利。

第 4 章内容是盈利体系的利润管理。利润是设计出来的，企业里面有人负责销售，有人负责成本费用，只有老板一个人对利润负责。如果公司规模小，老板一个人搞得定还算好。但是公司规模大了之后，如果企业里只有成本中心、费用中心，却没有利润中心，企业中就会出现结果不可控的情况。如何做利润设计？企业家不懂会计，财务不懂经营，横亘在企业家面前的有"七座大山"。只有搬开这"七座大山"，企业家和财务才可以实现同频对话，轻松对话，共同设计美好蓝图。当然，战略与利润设计、EVA 在利润设计中的应用和杜邦财务比率背后的利润设计也是非常有趣，我会在本章中分享给读者朋友们。

接下来就不能不谈谈风险管理了，企业的风险管理是企业核心竞争力的重要组成部分，所以在第五章我主要讲这些，其中包含企业不愿意建立风险管理体系的障碍，以及风险管理体系的原则中跟目标直接相关的九条核心原则。

那么，本书为什么叫作《利润是设计出来的》呢？我认为，企业经营的根本目的是健康可持续地盈利，但是企业里面有人负责收入的管理，有人负责成本费用的管理，然而除了总经理和董事长外，没有人对利润负责。可是，如果董事长和总经理不知道如何设计利润，更不知道如何设计健康可持续的利润，那么企业往往经营一段时间就会陷入瓶颈，发展停滞，甚至遭遇致命的危机。本书从 DBOE 设计健康可持续的盈利目标、盈利体系的运营、盈利风险体系的架构三个角度，探讨 DBOE 利润管理思维的核心要素，以帮助企业家和高管建立系统的利润管理框架体系。

目录 CONTENTS

第 1 章　数字化转型升级　001

数字化转型的原因　003

数字化经营与经营数字化的区别　012

数字化转型的方法　017

数字化转型实践案例解析　023

第 2 章　数字化目标管理　033

目标完不成的九大"坑"　035

DBOE 工具中数字化的应用　049

目标的数字化实现路径　054

公司目标与个人目标的平衡　061

输出关键行动计划　065

关键行动计划的制定过程　070

召开经营分析会　079

数字化目标管理实践案例分享　091

第 3 章　正确认识成本管理　095

先有成本还是先有利润　097

成本的分类　100

成本管理的六大误区　104

成本管理的关键控制点　118

第 4 章　利润是设计出来的　121

财务报表的七座大山　123

利润表与战略落地　128

盈利体系之成本设计　138

第 5 章　战略目标风险管理　143

建设战略风险管理体系　145

企业风险管控体系的现状　152

职业舞弊数字化分析　158

COSO 的风险管理体系原则　167

后　记　177

chapter 1 | 第 1 章 |

数字化转型升级

随着人工智能、物联网、云计算、大数据和区块链新兴技术的发展，数字经济已成为新的经济形态，数字化也成为无数企业生存发展的必选项。在人工智能时代，数字技术对全球经济带来了巨大的冲击和颠覆，而数字化转型已成为众多传统企业必须面对的一个重要课题。

2020年，"新冠"疫情肆虐全球，加速了我国无数企业数字化转型。国家发改委在2020年4月份的报道中介绍，根据有关机构测算，数字化转型可使制造业企业成本降低17.6%，营收增加22.6%；使物流服务业成本降低34.2%，营收增加33.6%；使零售业成本降低7.8%，营收增加33.3%。

数字化转型为许多企业带来了丰厚的利润。然而，受限于企业面临的整体宏观环境以及自身的运营模式和管理能力，企业在数字化转型中的固有难点依然如顽瘴痼疾般存在。有数据显示，我国目前企业数字化转型比例约25%，远低于欧洲的46%和美国的54%，属于刚刚起步阶段。可见，在实际的操作中，我国企业的数字化转型现状并不容乐观。

企业的数字化有两个重要阶段：一是数字信息化；二是数字化变革。对于企业来说，最重要的领导力并非技术，而是企业领导者是否具备数字化素养。可以说，数字化素养是企业未来十年最重要的领导力之一。因此，本章主要介绍为什么要做数字化升级，为什么要看决策数据，以及数字化经营与经营数字化的区别。

数字化转型的原因

我们如今生活在一个由数据驱动的时代，数字化不仅改变了人们的生活方式，也影响了企业运作模式。数字化已经成为企业生存发展的必选项，也是企业应对重重危机的金钥匙。

可以说，数字化不仅仅是技术上的创新，更是一场涉及我们的认知、价值、战略和领导力等层面的深刻变革。

理性决策需要数字化支持

"大数据之父"托马斯·达文波特提出，在数字经济时代，各类企业都需要将"用数据分析解决问题"的能力提升到"通过数据分析建立竞争优势"。

很多企业都处在一个非理性的"癫狂"状态：老板非理性、营销非理性、研发非理性、运营非理性、战略决策非理性、战术决策非理性、运营决策非理性。

所谓决策，其实就是"做什么"以及"要不要做"的问题。

在日常工作中，每个人都需要经历无数的决策，哪怕是基层员工。比如，今天应该拜访哪个客户，该推荐哪一款产品比较合适，拜访的目的应该是什么……这些都需要做选择。决策的过程其实就是选择的过程。

无论是在生产线上，还是在办公室里，都存在着各种各样的决策。第一，每个人所要做决策的事情的重要性存在不同，比如董事长关心的可能是十万元、百万元、千万元的事情，员工关心的则可能是几百元、上千元的事情；第二，不同企业所关心的事情的重要性也不同；第三，同一企业在不同发展阶段所面临的事情的重要性水平也不同。

在过去，面对这些决策性的问题时，大多都可以采取"拍脑袋"的方式。然而，随着企业规模越来越大，市场竞争越来越激烈，管理程序越来越复杂，"躺赢"的时代已经结束了，经营变得越来越难！企业中的非理性可能会使企业陷入覆灭的危险中。

因此，在企业的经营过程中，老板需要理性，营销需要理性，研发需要理性，运营需要理性，战略需要理性。而在企业中，理性认知和理性决策都依赖于数字化的支持。

大数据时代，大数据分析让我们从感性决策到理性决策。人类有史以来，从未像现在这样积累如此多的数据，也从未有如此繁重的数据分析工作。价值往往隐藏于数据之后。在商业活动中，无时无刻不在产生大量的数据。但大多数时候，这些数据是零散的、不规律的，这就是我们常说的原始数据。原始数据本身并不具备价值，需要对其进行整合和进一步处理才能挖掘出大数据背后的价值，从而为我们的决策给予指导。但是如何挖掘数据、掌控数据，就成了摆在眼前的难题。

无数经验告诉我们，具有决策指导意义的数据就隐藏在这些看起来杂乱无章的数据之中。大数据对于未来的预见性和科学性使得这些数据具有价值，我们分析大数据其实就是想要得到能够"预见未来"能力。

对的人在对的时间做对的事情，才是最经济的决策，也是最合理的决策。但是在现实经营中，我们总是因为这样或那样的原因无法做出正确的决策。数字化却可以让决策者知道对的时间对的事情是什么，该是什么人来做什么事。

当然，大家不能走极端，以为只要理性就可以。在企业经营中，有时感性认知也是必不可少的，但应该做好理性与感性之间的平衡。有感性，有理性，才能做出更合理的决策，实现企业健康可持续的经营。

以我们曾服务过的一家客户为例。这家公司的老板计划开1000家零售店和在未来公司上市。然而现实的问题是：当前的100多家店铺还没有完全走上轨道，有些地方的市场尚未打开，但短期内各店员工数剧增，按编制各岗位人头全部到齐。鉴于此，近20%店铺亏损。运营总监有些力不从心，正在一筹莫展之际，刚好我来帮他们公司做利润倍增的气泡图。

对公司来说，可以对客户、业务员、商品、SKU、VIP、店铺发展阶段等进行分类，并做出不同店铺的利润表、不同商品的利润表、不同VIP类别的利润表。我告诉他们，根据这些利润表来调整促销方案、人员安排以及商品布局等，这样日常决策会更加有依据，而不会像现在这样凭感觉，让人觉得不踏实。

我让他们与财务一起尝试去做他们自己的气泡图。气泡图的横轴是销售额，纵轴是毛利率。很快，他们根据我的方法做出了气泡图。他们先根据产品数据来给产品做分类，分为跑量产品、差异化产品、战略产品和明星产品四种。其中，跑量产品是指单位利润薄，需要靠量大来获得一定利润，否则就很容易亏损的产品；差异化产品是指企业以某种方式改变那些基本相同的产品，以使消费者相信这些产品存在差异而产生不同偏好的产品；战略产品是指根据公司未来发展方向而确定的产品；明星产品是指处于高毛利率、销售额也高的象限内的产品群，这类产品可能成为企业的现金流产品，需要加大投资以支持其迅速发展。然后，他们根据这四种产品分类的标准给产品贴了标签，并做出了报表。

气泡图的正确流程应该是这样：业务部门先根据自己平时的决策习惯和感觉来给产品、客户、店铺贴标签（记住，先根据自己的感觉来贴！这个环节很重要）；然后，再让财务根据大家贴的标签做报表；报表出来之后，再跟业务部门一起来看。

我们分析不是为了分析而分析，分析一定要找到我们经营行为的问题点。如果分析无法暴露问题点的话，我们的分析就会流于形式，效果就会大打折扣。思考一下，只有当你发现应该跑量的没有跑量、应该差异化的没有差异化、明星的不是明星，你才会去反思：到底是哪些业务行为不对，哪些促销政策不对，哪些定价有问题。只有这样，我们才知道哪些是正确的事。而这些事与战略、与定位、与公司中长期目标都是一致的。

所以说，小小气泡图，分析步骤不同，结果也是大相径庭。

我们从经验决策到"经验 + 数字"决策，最终帮助这家公司实现了利润倍增的效果。这就是数字经营的厉害之处，也是日本的经营之圣稻盛和夫先生总结出来的宝贵方法。当然，这些还只是沧海一粟，更多的应用需要举一反三，并在经营的各个环节应用。

管理复杂化依赖数字化领导力

随着企业规模的不断扩大，管理层的眼睛和耳朵已经开始不够用了，心算也是"心有余而力不足"。我们不可能存在于每一个现场，这个时候就需要透过数字来了解其背后的经营故事，掌握应用数字提炼洞察的能力。这就是数字化领导力的基础。

通过这些年的经验，我们发现，大多数的企业家虽然没有系统地学习过管理会计，但是多年的经营实战已经让他们变成了实质上的战略管理会计专家，然而他们并没有系统的思维方式，所以也不知道该如何梳理其中的方法论，因此也很难给团队提要求、定方向。

由于所处的环境不同、立场不同，管理团队往往很难理解管理会计，更不要说熟练应用。所以，如何把企业家的数字化经营思路变成方法论，让管理团队可以灵活有效地应用，并举一反三，往往需要数字化素养的支撑。

理清工作重点需要数字化

如图 1-1 所示，在这个矩阵里，我们把事件分成两个维度：重要的和不重要的，紧急的和不紧急的。在这些事情当中，重要的和紧急的事情是我们每天都在做的事情。但是因为时间有限，对于那些不重要的和不紧急的事情，我们往往都没有时间和精力去做。那么，在剩下的事情中，我们到底要选择去做紧急的事情还是去做重要的事情呢？最终的抉择影响着一个人的最终成就。决策不同，成就也不同。

在企业中，我们发现很多人都很勤奋，他们每天都很忙。那么，他们每天忙碌的这些事情都是重要的事情吗？当我们都在忙着做不重要的事情的时候，我们在不知不觉中就成为"救火大军"。着手去做那些非常重要的，但经常被我们错过的，看似不紧急的事情，我们就很可能成为一个卓有成就的人。同样，那些做着重要的、暂时不紧急的事情的企业，最后就有机会成为伟大的企业，一个健康可持续发展的企业。

做正确的事情

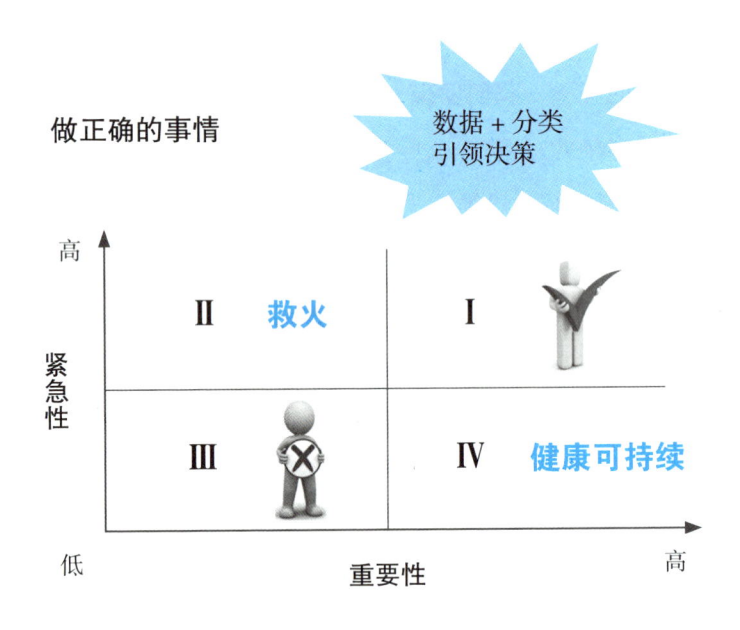

数据+分类
引领决策

```
高
    |  Ⅱ  救火    |  Ⅰ
紧   |             |
急   |─────────────|─────────────
性   |  Ⅲ          |  Ⅳ  健康可持续
    |             |
低   |_____|_____→ 高
         重要性
```

图1-1　事件矩阵图

现实工作中，我们往往是先"救火"，然而在"救火"结束后是否有余力去做健康可持续的"防火"工作上，却有着非常大的差异。

在这个矩阵当中，最难的不是判断事情的紧急程度，而是分辨事情的重要性程度。一件事情是不是紧急，我们很好判断，但是很难判断出一个事情是不是真的重要。不同的人因为其价值标准和认知能力的不同而产生不同的答案。

在不同的阶段，对于事件重要与不重要的理解也会发生变化。过去的不重要可能现在变得重要，过去的重要可能现在变得不是很重要，重要与否是随着目标的变化而变化的。

我们需要锁定时间来做重要的但是不紧急的事情，尤其是需要批量解决的事情，那些关乎未来的核心能力的事情，这样会降低我们"救火"的频率，让我们可以有时间和精力解决更加复杂的问题。

记得在一个项目中，我们遇到过一件非常有趣的事情。一个销售总监说：他们公司的产品质量存在相当大的问题，一年当中接到无数的客户投诉，质量问题却迟迟得不到解决；那么在这样的情况下，设定高目标，怎么可能实现呢？收到这个问题以后，我们就去询问生产总监，而生产总监态度正好与销售总监相反，他说："我们的质量问题早就解决了，销售总监怎么还在提这个质量问题呢？这不是胡说么？并且在客户投诉的第一个月我们就解决了，我们对客户投诉的反应速度是很快的。"

销售说质量问题一直存在，生产总监说问题已经解决。那么，在这种情况下，我们该相信谁呢？于是，我们做了一张报表（如表1-1所示）。大家知道，客诉一般都是按照收到客诉的数量来统计的，但是我们反其道而行之，按照客诉客户的销售额来统计。

表1-1 发生质量问题的客户分析

客户名称	年销售额（万元）	占比（%）
A客户	5000	14
B客户	3000	9
C客户	1000	3
D客户	500	1
其他	700	2
合计	10200	29

注：以公司年销售额3.5亿，客诉100%为例。

所有客诉清单中都包括客户的全年销售额，我们只要取出排名前五位的客诉客户的销售额和公司年销售总额进行对比，就能通过销售额看出客诉问题对于销售额的重要性程度。当我们做好报表并交给生产总监以后，生产总监第一时间就派人去客户工厂调查。结果发现，原来这个品质问题在生产的时候是完全看不出来的，但是产品经过几天时间到达客户的生产车间的时候，就出现了问题。生产总监看到的是经过现场检验的合格品，而客户看到的是存在质量问题的瑕疵品，因此生产总监始终不认为这是一件重要的事情。但是一张报表，虽然只有简简单单一些数字，就使他意识到了产品可能是在这个时间的偏差中出现了问题。生产总监只花费了几百元的差旅费，就搞清楚了问题产生的原因，回来后稍微调整了配方，就轻而易举地解决了曾经困扰公司将近半年的质量问题。

这类问题并不只是这家公司有，我们江阴的某一家客户的产品质量问题是在产品发出二十多天后才逐步暴露出来。

判断什么是重要的事情，生产总监一定有着自己的一套标准，销售总监也有自己的一套标准。当每个人都有自己的判断标准的时候，如果没有具体的数据支撑，这个问题就一直没办法解决。在当时，案例中的客户对这家工厂已经下达了最后通牒，如果再出现品质问题就要取消全年的订单。幸亏他们反应及时，否则后果不堪设想。在没有数据说话的时候，每个人都有自己的一套判断标准。但是有了数据，便有了统一的判断标准和依据。

这个故事告诉我们，要学会运用数据，只有数据才能告诉我们什么才是重要的事情。乔布斯曾经说过："我不在乎犯错，我承认我做错了很多事情，但是，有太多事情，对我真的不重要，对我真正重要的就只有一件事：就是我是不是做了正确的事。"是否有依据告诉我们是不是做了正确的事情？作为企业，我们是否在做正确的事情？我们用什么方法才能找到正确的事情？这些需要各个部门"力出一孔"。

当然，随着我们把先进行重要的但是不紧急的工作的习惯一步步建立起来之后，就可以进行所谓的"批量解决问题"，这样需要"救火"的事情就会慢慢地越来越少。

我们知道把事情做对很重要，但是必须先是正确的事，这样结果才是美好的。然而，在实际的经营过程中，做正确的事情最难！随着经济活动日趋复杂，如果我们依然坚持用感觉来寻找正确的事，那就难上加难。

总而言之，实行数字化经营有三大原因：一是帮助企业更加理性地决策；二是帮助企业管理越来越复杂的业务，解决挑战性难题；三是帮助企业理清工作重点，其中包括企业三年战略的重点、企业明年经营的重点、企业后面三个月的管理重点，以及每个部门的管理重点和每个员工工作的重点等。

数字化经营与经营数字化的区别

数字化转型是当前企业一切转型的基础，因为企业的一切转型动作都需要架构在数字化这一基础之上。在已经到来的数字化时代，所有企业都需要转型成为数字化企业。

从数字化的角度，我们把企业分为三个阶段：传统企业阶段、经营数字化阶段和数字化经营阶段。

传统企业阶段，是指企业经营的信息主要在人们的经验里。只有部分使用了数字信息系统，比如财务系统。这一阶段也可称为能人经济阶段，企业经营成败的关键在于企业中有多少能人。

在经营数字化阶段，信息技术和人工智能技术的快速发展，推动了内外部价值链上的各个板块的数字化进程。很多公司经过连续不断地升级，已经逐步实现经营的数字化，包括 CRM（客户关系管理）、SCRM（社会化客户关系管理系统）、ERP（企业资源计划）、财务软件系统等。在这个阶段，每个价值链上的数字都是可视化的，但是如何应用数字却成为看不见的瓶颈。

数字化经营阶段，也可称为洞察驱动阶段，通过经营全流程的数据来提炼经营洞见，精准决策，进而指导组织行为，降低依赖能力。

数字化经营与经营数字化的区别，主要体现在营销、运营、产品和人才管理四个方面。

区别一：营销层面

很多公司已经实现营销数字化，比如 2B 销售人员的拜访数据、沟通数据都在 CRM 系统里面完整呈现了。但是因为很多公司考核不当，使很多公司变成了"垃圾桶"，大家集体联合造假，持续造假，失去了原先设计 CRM 系统的意义。当然，从信息的承载、客户的分析和管理控制的角度来看，目前该系统还有一定的存在价值。

2C 消费者的数据在系统里面也会有所体现，但是如何实现 2C？如果是线上的 2C，则有两个方面的困扰：一方面是公域流量的限制，另一方面是私域流量如何在系统间打通。对于这两大困扰，技术界已经给出了很多解决方案，并且依旧在持续地探索与研究新的方案。而线下的 2C 则与 2B 一样，有数据在那里，但是如何应用数据仍然是很多管理层尚未识别的认知盲区。

数字化营销，则是营销数字的洞见化，根据营销大数据中的行为数据、业务数据和财务数据之间的逻辑，找到规律，理清大概率事件的逻辑关系是什么。管理，其实就是管控大概率事件，建立标准，并快速迭代标准，从而实现精益营销。

以我们曾经为某公司做过的一个项目为例。该公司的销售主要是通过拜访客户来实现，每个销售人员每天要拜访 5~10 名客户。他们通过 CRM 系统收集了大量的数据，并建立了拜访数据库，实现了营销数字化。他们及时记录了拜访客户中遇到的问题和客户的反馈，但是对于如何利用这些拜访数据提升营销效果，并没有进行系统的梳理。

我们问该公司的明星销售："你拜访客户，大概率要拜访多少次效果最好？"他回答说："3次。"这是他的经验值，那么拜访次数之间要间隔多久比较好呢？他的答案是："一周。"

拿出他的拜访大数据进行分析，我们发现，他拜访4次的订单转化系数为2.7，拜访3次的订单转化系数为1.9，拜访2次的订单转化系数是0.7，而拜访1次的订单转化系数是0。这些数据表明，拜访4次的转化效果是最好的。那么，在每个月几万次的拜访中，有多少拜访是1次呢？数据显示，这部分比例居然达到50%，不能不说这是非常遗憾的一件事情。

这里的拜访次数和拜访间隔就是我们常常说的行为数据。那么，什么事是正确的事情？如何做拜访？如何提升拜访成功率？而如果该拜访的客户我们没有拜访，我们错过了多少成功的机会呢？

区别二：运营层面

以生产型的公司为例。很多公司通过多年的信息化建设已经实现了生产过程中各个工序的业务数字化，也就是运营数字化，每一道工序可以精确到秒。但是即便如此，仍然有很多公司存在着诸如准交率奇低、交期很长的问题。这就是典型的事情都做对了，可是对的事情到底是什么却仍然处于认知的盲区。就如同每个人都是好人，但是始终无法经营好一家企业的道理一样。

数字化运营是要依据数据信息输出洞见，打造出一套标准的方法论，在保证质量交期的前提下，实现至少95%的准时交付率。如果比竞争对手交期至少快10%，就可以打造超越竞争对手的相对竞争优势。

我们曾服务过的一家广州公司，在项目实施之前，生产团队手抓几亿元的订单，却一直无法交付，到项目实施前月出货额才4000万元，而生产部每天加班到晚上12点，基层员工离职率达到38%。在数字化目标管理项目实施三个月后，他们的准交率从30%提升到了95%，月出货额提升到了7000多万元。最令人开心的是，生产部员工不再加班，每天到下午五点时他们的工作就已经完成了，存货也减少了一半。

区别三：产品层面

以研发端为例。无论是新产品的研发，还是现有产品的升级换代，或者是降本项目等，研发通常是各种各样的项目交错运行，与生产工序一样，研发项目也会出现研发周期长、研发项目的及时交付率低的情况。

研发项目数字化，是指在研发的每一个步骤中，研发的行为数据和过程中的业务数据都在系统中呈现。

但是，如何实现数字化研发？在质量和效果都得到保证的前提下，提升研发项目的准交率到95%以上，项目的研发周期优于竞争对手的10%以上，这些都会形成研发模块的竞争优势。与生产一样，研发项目的准交率、研发周期和研发项目的质量提升、项目管理能力提升，也可以通过在项目实施过程中的教练式管理来逐步实现。

区别四：人才层面

关于HR的选、用、育、留的数字化，很多系统提供商已经有了许多很成熟的解决方案，也有些公司很好地做到了 HR 数字化。

但是数字化 HR 是以 HR 板块"如何做好战略承接"为中心，目前在实现提升招聘成功率、缩短招聘周期和人才的培养周期、提升人才培养成功率的背后数字化方面，还有很长的路要走。

这是我们正在研发中的一个项目，如果有公司愿意当这个"小白鼠"，我们愿意让您承担最低的成本来帮您实现数字化人才管理。

数字化转型的方法

应用管理会计解决问题的底层逻辑是要明确什么是对的事情。正如稻盛和夫先生所说的"作为人,何谓正确",管理会计要解决的则是作为法人,何为正确。用数字告诉你什么是正确的事情以及哲学数字化,是坤睿数字化战略目标管理的核心。

我们理解的管理会计的核心是数据和逻辑。对于数据,大多数人都会觉得数据就是财务数据;但是,只是财务数据远远不够,我们还需要结合业务数据和行为数据才行。只有建立了财务数据、业务数据和行为数据的内在逻辑,才可以帮助我们管理规模越来越大的企业。不然,即便管理层经常去现场,也还是很难找到管理的重心;在指挥上还是有可能出现重大失误,从而错失事业版图扩张的机会。

我们不只是要看这些数据,还需要架构这些数据之间的逻辑。通俗地说,就是我们做了哪些行为会带来想要的业务数据;哪些业务数据发生了,会得到我们想要的财务结果。根据这些数据,可以复盘哪些行为是有效的,哪些行为是无效的,哪些是增值的,哪些是不增值的,从而实现精准管理的目标。最后再通过分类,将海量的数据和经营的逻辑串起来。

那么,如何进行数字化转型呢?

升维数字化认知

这些年来，大多数企业在数字化升级中面临两大难题：一是技术方面，二是认知方面。在做数字化升级的项目的过程中，我们发现，认知层面的问题是企业数字化升级的最大问题，主要体现在以下七个方面。

第一，不懂财务数据。很多业务部门的人员对于财务数据的定义不清楚，于是实际管理过程中错过管理的机会。

第二，业务数据不准。有些公司的各种系统由于没有进行统一的梳理，不同部门对于同一事项的定义不同，导致业务数据不准。当然也有些公司因为业务部门不重视数据，结果也使得数据不准。

第三，没有行为数据。很多公司没有做到有效收集行为数据，比如销售团队的拜访时间，运营过程中的各种时间等，都只是停留在管理者的经验里，未能进行有效管理。

第四，财务与业务脱节。财务只管财务数据，业务只管业务数据，他们谁也不理谁，未建立业务数据和财务数据的逻辑关系，盈利设计的时候缺乏依据。

第五，业务与行为脱节。行为数据停留在大家的经验里，未能提炼成组织能力，不能清晰明了怎样的行为数据会带来有效的业务数据，使得团队的成长周期加长。

第六，决策数字真空。指的是决策数据缺失，比如很多业务板块的行为数据缺失，缺乏营销团队的拜访数据、签单数据等，人力资源板块的招聘行为数据和人才培养数据都停留在报销的备注里，很难进行大数据分析，提炼洞察。

第七，决策数字"中毒"。指的是有些公司数据不缺，及时性也不缺，可惜数据应用能力不足，无法从海量的数据中提炼洞察，于是错失了改善的机会。比如说，很多公司都有CRM（客户关系管理）系统，里面有非常详细的客户管理数据的记载，可是这些数据里面反映了怎样的规律，有怎样的成功的法则，则是无人问津，更有甚者，数据多了，令人眼花缭乱，最后大家熟视无睹，错失了管理的机会，不能不说这是一件非常遗憾的事情。

因此，数字化时代要进行数字化升级，必须突破认知层面的这七个误区，升维数字化认知。

学会看看决策数据

决策数据包括财务数据、业务数据和行为数据。其中，财务数据包括我们三大财务报表上的所有项目，常常用金额来表示；业务数据是指内外部价值链上的过程数据，比如销量、产量、客户数量、供应商数量、产品数量等；行为数据则是指在经营过程中，与用户相关的行为数据，比如客户、供应商、员工的行为数据，包括发货时间、发货间隔、沟通时间、沟通频次、拜访时间、拜访频次、反馈时间、互动间隔等。

那么，为什么要看决策数据呢？

在企业经营的过程中，很多时候，财务数据、业务数据和行为数据分别是由不同的部门来整合完成的。在实际管理的过程中，经常会出现这些情况：看财务数据只看财务数据的分析，看业务数据就只看业务数据层面的分析；财务不理业务，业务不理财务。

财务数据是经营的结果，业务数据是财务数据的原因，带来业务数据的根源是行为数据。因而，财务数据、业务数据和行为数据需要结合起来看，单纯看财务数据、业务数据或者行为数据都会出现问题。

然而在实际中，财务数据严重滞后，现在的财务数据可能是六个月前行为数据的结果，所以要想财务数据好，必须进行前置化管理。这就需要建立财务数据、业务数据和行为数据之间的逻辑，知道什么样的行为数据可以带来怎样的财务数据。只有在前端做正确的事，才可以得出正确的结果。

把数据当作资产

把数据尽可能地保存，并不是说把数据像堆杂物一样地储存，而是需要对数据进行组织和管理，IBM称之为数据治理，意思就是把数据当作资产来看待。

资产肯定包括不同的类型，数据也一样，可分为四类。

第一类数据是主数据。对一个企业来说，主数据就是核心资产，其中可能包括客户信息、产品信息、供应商信息等。核心资产非常重要，也经常被使用，所以必须保证其在安全和高效的环境下得到利用和保护。

第二类数据关系到企业的业绩水平的高低，它将决定企业的运营做得好还是不好，体现出的是绩效管理的结果，这部分数据由数据仓库支持。

第三类则是关系到企业未来的数据，它们的价值在于"潜力"，比如原始单据就是这类数据，企业有可能从中挖掘出新价值，让自己的业务做得更好、更有前景，它们是"内容管理"的对象。

第四类是一种"很快的数据"，它们是需要迅速得出处理结果的数据。比如一个客户来了，企业马上就要分析出该客户的兴趣点是什么、与其他客户有何关联关系等，以便及时做出最有效的应对。这种数据的形态与前几种都不同，它们需要以流数据的方式进行处理。

当财务给我们几十页的分析报表时，我们到底从哪里看起呢？在平时，我们应付客户的各种问题、老板的各种要求，其实已经非常忙了，再看这么多报表，确实是一种非常令人崩溃的事情。其实，我们只要遵循经营分析的核心逻辑，从结果出发，向过程要行动，就能轻松分析报表。

举个例子，假如公司的收入主要来源于八个大客户，他们的销售额占总销售额的80%，那么我们的日常管理就只要管理好这几个大客户就可以了，如此就可以简化分析。

尝试思考以下五个问题：

第一，这八个客户选择我们的理由是什么？价格以外的原因是什么？什么是我们有，竞争对手没有的？

第二，这八个客户的利润如何？是否也是80%的利润额，如果从80%的利润的角度研究，我们的客户是否还是这八个客户，还有哪些客户？同样的逻辑，如果从现金的角度来分析，80%是否还是这八个客户，还有哪些客户？

第三，这八个客户所在的行业和区域，增长潜力如何？是否有可持续的未来市场？如果从市场潜力的角度来看，是否还是这八个客户，还有哪些客户？

第四，我们的核心产品是否匹配，提供给这八个客户里的是否是我们的核心产品，还有哪些客户与核心产品匹配？没有的话，我们是否有合适的产品？我们的产品改进和产品研发能力是否与这八个客户的需求一致？

第五，如果这八个客户的销售有一两个在销售中出了问题，我们是否有可以替代的方案？为了有B方案，我们的后备梯队需要有多少个比较保险？我们如何提前知道这八个客户的订单有不可持续的风险？有哪些情报可以给我们预警？

我们平时天天跟客户谈的最多的就是价格，脑子里天天盘算的是怎样防止客户砍价，怎样想办法提价，怎样用一些小手段小策略搞定订单，怎样比竞争对手价格低一点以抢占市场。只有很少的几个客户因为合作时间久了，我们才会跟对方多了解一些诸如家庭状况、公司状况等。

但是我们可以不断完善这些情报。当我们对这些都有了相对清晰的认知，就可以简化管理，数据分析次数自然也就大幅度减少了，未来一年只做三四次彻底分析，每个月都尽可能只管理几个关键指标就可以了。

如果我们客户的集中度不高，要如何来做比较合适呢？记住关键的一点：分类是管理的灵魂，给客户贴标签，找到那一类可以实现健康可持续的占比80%的健康利润的部分来管理，就抓住了"牛鼻子"。

通过以上几点的分析，我们可以了解到：企业进行数字化转型时，必须要围绕着企业的核心经营活动，利用数字化工具、数字化观念以及数字化分析等提高企业的创新能力，从而提高企业整体的运营效率。

数字化转型实践案例解析

这个案例是我们给一家深圳上市公司服务时做的项目。

在项目开始前的 2013 年，该项目亏损了 6561 万元。管理团队都有期权计划，但是因为目标没有达成，2013 年的期权就无法兑现。如果 2014 年目标继续无法完成，后果很难想象。

与董事长沟通

该公司董事长坐不住了，开始找第三方团队介入治理。他们一开始对我们并不信任，一直处于犹豫的阶段。他们找了很多咨询公司，有流程再造的，有文化整合的，也有人力资源的，甚至曾经一度想换掉总经理，就这样犹豫到了 2014 年 5 月 4 日。当时我一直在观察他们的经营管理情况，在 4 月，我对他们下了最后通牒，如果再不启动这个项目的话，很难保证他们能够实现目标，毕竟这一年已经过去四个月了。

于是该公司董事长痛下决心，决定试试看。坤睿团队 5 月 4 日进入战场，开始了为期三年的项目。

在与我们交流的时候，董事长表示他怀疑公司一流的人才管理团队在骗他。因为公司规定，如果订单的毛利率在 20% 以下，必须经过董事长批准。但是，他并没有看到有人来征求他的批准。然而在最后进行核算时，项目经理给出的结果是毛利只有 7%。

董事长说，他想不明白为什么管理团队要骗他。他们并不了解固定成本和毛利率的影响，管理层之间因此就发生了信任危机。

当年的 5 月 17 日，我参加了他们的经营分析会。

大家都知道，在一流企业中，一流人才做工作汇报时，经常表格和图形都做得非常炫美。销售说"我又搞定了一个大客户"，研发说"我又搞定了一个大项目"，生产说"我的不良品率只有 2 个 PPM（百万分率）"。看似一片繁荣的景象，但是董事长说不出话来，因为 4 月当月亏损了 240 万元。董事长也搞不清到底出了什么问题。

在这里，我想问：如果你是该公司董事长，你要怎么处理这个难题呢？

要实现目标的话，我们首先要清楚两个问题：为什么亏？亏在哪里？有人说是因为闲置的办公楼；有人说是因为"贵人"们，因为管理人员都是从一流企业进来的高级管理人员，薪资很高，所以确实很贵的。

与运营部沟通

很多种说法，但是没有人能知道具体的原因。依笔者的经验来说，制造企业最大的浪费是产能浪费。因此，在正式开始该项目后，我们决定先剖析产能利用率。于是，我们找到运营的副总，问他产能利用率是多少。因为每台设备每天产量是不一样的，因此运营副总无法给出具体的数据。我问他："如果产能全部跑足，收入可以实现多少？现在是多少？"

经过层层追问，最后他算出了产能利润率。结果发现，公司的产能利用率只有 25% 左右。由此可见，产能利用率是企业亏损的最大罪魁祸首。2013

年的销售额为 3.6 亿元，通过计算我们得出这样的一个结果：只要产能利用率达到 60%，就能在 2014 年实现 8 亿元的销售目标，公司就有可能赚钱。

那么，产能利用率该怎么提升？是谁的责任？

很多公司只在生产环节管理产能，而销售环节则无视产能利用率。这也是我们一直说"卖产能"的原因。

与总经理沟通

我们找到总经理，问他实现 8 亿元的销售额是否存在风险。他说："去年 10 月，我们预测的销售额是 12 亿元。然而到现在为止，我们预测的销售额只有 7.6 亿元了。对于 8 亿元的销售额目标，完不成的可能性不小。"

这个故事在 2013 年时已经上演了一遍，销售额预测平均以每月 1 亿元的速度下降，我们问总经理："你从现在的 7.6 亿元往 8 亿元冲，有没有信心？之前的目标是销售额为 8 亿元，利润为 5200 万元，现在的目标还是销售额达到 8 亿元。只要你完成这一个目标，5200 万元的利润目标我来想办法。"总经理将信将疑地答应。同时，我许诺他，只要他今天预测出数据，明天我就把具体的分析给他，包括哪个客户、哪个项目出了问题，出了什么问题，要如何做，怎么出差等。

其实，只需要三类报表就可以搞定销售该做的事情。

第一类表格，是关于客户预测的表格，主要是客户的累计预测与实际发货差异，可按照差额降序排列，取差异最大的前五位，再加上一个其他。这是非常简单的一张表格，看到这张表格，我告诉总经理："看到报表，你们必须立刻行动，应该去出差了。去哪里出差，表格告诉你。"

第二类表格，共有五张，分析差异最大的五个客户，一个客户一张。每个客户有不同的项目，也是同样的方法，按照差额降序排列。到了客户那边谈什么呢？谈这些差异最大的项目。至于那些差异小的，如果客户喜欢谈，你可以听，但是要重点把握表格中的这些项目。

第三类表格，承接第一张表格，共有五张，一个客户一张。表格呈现的是客户每个月的出货趋势图，如果趋势向上还好；如果趋势向下，很可能就需要与客户"不醉不归"了。

与生产部沟通

接下来我们与生产部门沟通。

如何提升产能利用率？行业里面有个网分置换（闲置设备产能利用率可以提升），这样就可以从生产端提升产能利用率。同时梳理出生产的降本计划，离目标5200万元的利润更加近一点。

虽然在他们的系统里找不出生产数据，但是好在他们有生产日报表。在报表中，每个人的每道工序都记录得很详细，对应的责任部门也都划分得清清楚楚。例如，不良品的数量、损失的工时和不良品的责任部门都在报表中清晰地呈现。他们平时也会做不良品分析，每天几十页、每个月几十页的报表，看得人眼花缭乱。看到这些业务数据，我们想看看对应的成本是多少，于是计算了不良产品带来的工时的损失成本，不良品带来的材料的损失成本。

那么2个PPM（百万分率）带来的结果是：每个月60多万元的人工损失，50多万元的不良材料损失。这个成本不可能为0，但是是不是可以找到降的空间呢？我们根据可找到的数据做成三张管理报表。具体如表1-2、表1-3、图1-2所示。

第一张报表，是关于损失成本，包括责任部门损失的人工成本、材料成本，可以按照损失成本降序排列。看到这张表格，大家就知道要跟责任部门开会讨论如何减少损失，寻找损失的根本原因都有哪些。

表1-2 损失成本

责任部门	材料损失成本（万元）	人工损失成本（万元）	合计（万元）	材料损失占比（%）	人工损失占比（%）	合计占比（%）
责任部门1	22	10	32	34	18	27
责任部门2	15	16	31	23	29	26
责任部门3	9	12	21	14	22	18
责任部门4	8	8	16	13	15	13
责任部门5	7	4	11	11	7	9
其他	3	5	8	5	9	7
合计	64	55	119	100	100	100

第二张报表，是分项目的损失，需要研发团队和生产团队共同开会讨论，为什么这些项目的损失比其他项目高，是什么原因。通过根本原因分析确定问题产生的根本原因，找到解决问题的方案。后来生产总监感叹说："没做项目之前，原来我们是那么专业地瞎忙，忙的不在利润上，不在目标上。该找谁，该做哪些最重要的事都不知道。"

表1-3 分项目的损失

项目	材料损失成本（万元）	人工损失成本（万元）	合计（万元）	材料损失占比（%）	人工损失占比（%）	合计占比（%）
项目1	15	13	28	23	24	24
项目2	17	10	27	27	18	23
项目3	13	8	21	20	15	18
项目4	6	13	19	9	24	16
项目5	10	6	16	16	11	13

续表

项目	材料损失成本（万元）	人工损失成本（万元）	合计（万元）	材料损失占比（%）	人工损失占比（%）	合计占比（%）
其他	3	5	8	5	9	7
合计	64	55	119	100	100	100

第三张报表，是不良成本趋势图，不良产品损失成本不可能降低到零，但是如果不良成本呈下降趋势则表明生产的组织能力在提升，反之，生产部的会议室的灯光要不眠了。

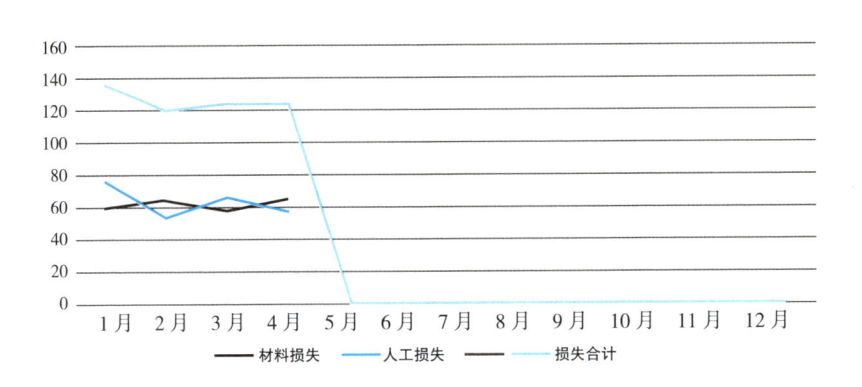

图1-2　不良成本趋势图

与采购部沟通

再来谈采购。当时我们提出的目标是降本5%，采购非常抗拒，认为这根本无法实现。他提出"三大不可能"和"一个核心风险"。

首先，公司都是定制产品，如果采购的是什么都不知道，就无法做降本计划。

我们分析，虽然是定制产品，但是细分行业并没有发生变化。举个例子，你去年做天线，今年还是做天线，并没有变成去做喇叭，所以，虽然产品可能在规格型号上有所变化，只要没有实质的质量和交付问题的话，供应商应该还是这些供应商。所以找谁谈降价不是问题所在。

其次，采购说他们的供应商是客户指定的供应商，客户的规模远超过他们公司，因此他认为与供应商谈判会更难。而且如果是客户指定好的供应商，基本上就不可能继续降价。

不看数据的时候，我还以为所有的供应商都是指定的。拿了数据经过分析才知道，其实指定的供应商只有三个。这三个虽然不能降价5%，但是降价0.5%还是有机会的。

再次，就是公司是研发驱动的，要与客户进行联合研发，如果客户的新一代产品都还没有出来，公司要怎么配合，怎么可能知道是用什么样的材料，是用什么供应商，怎么做降本？

其实，与供应商谈判，并不是一个规格一个型号地去谈，而是从年度的角度，三年的角度来谈，这样才有降价的机会。

采购提出的"一个核心风险"是指，不可能实现8亿元的目标，因为去年制定了6亿元的销售目标，结果只实现了3.6亿元，销售额预测每月以1亿元的速度下降。他说："去年10月还说要达到12亿元呢，怎么可能啊。"

我们找到2013年供应商的采购额数据，经过详细分析才发现，虽然他们的销售额只有3.6亿元，但是供应商却有1000多个。这也难怪采购会抗拒了，他应该是直接脑补了这1000多个供应商每个降本5%背后的巨大谈判压力了。对他来说，这简直就是一个不可能完成的目标。

于是我们跟他们一起共创行动计划，先从3.6亿元收入同比放大到8亿元收入需要的材料采购成本着手，再将供应商进行分类，将80%的采购额集中在20%的供应商数量里。看了数据我才发现，其实指定供应商只有三家，那么就让这三家供应商降价 0.5%。采购额为 100 万元以上的规模供应商，只有八个。对于这类供应商，降价 10%。其他的零星供应商有很多，这些降本目标为 0。于是，采购行动计划由最开始的 1000 多个供应商降本 5% 的不可能，变成八个供应商降本 10%，三个指定供应商降本 0.5%。这样一来，采购行动计划就可以很容易落实下去了。

通过精准地数字分析，我们结合业务数据和财务数据，与销售、采购、生产等责任部门达成共识，让有限的资源花在目标上，最终达成实施方案，确定了整个实施计划。

在项目实施的过程中，我们不断对其进行监督和定位纠偏，并及时给出报告，将一个人的目标变成管理层共同的目标，整个团队的目标；并将年度目标划分到月目标，将月目标划分到周计划。最终的成果是获得了 6308 万元的利润，管理层的期权全部实现。截至 2016 年项目结束时，公司市值从 20 多亿元涨到 400 多亿元。从 2013 年 3.5 亿元的收入到 2016 年实现 4.55 亿元利润，实现了颠覆性的发展。

在该项目开始之前，他们团队对目标完全没有信心。在他们看来，目标是老板的目标。因为不懂管理会计不懂预算，不懂得应用数字化管理做盈利设计，差点遭遇灭顶之灾。

经过系统地设计之后，每个部门都找到了自己实现目标的关键路径，最终完成了 8 亿元的销售目标，获得 6308 万元的利润。

这个案例堪称神奇。我们常常反思，如果不是这个公司的团队，我们是否可以做到这样的效果。答案是"不"。因为这个公司有着像狼一样的团队，这在其他公司是很少见的。前段时间，我与他们的财务总监联系，他说他们公司 2019 年销售额已经达到 50 亿元，利润率达到 20%，最难得的是管理团队还是一如既往地像狼一般地奔腾。可以说，他们是一粒粒的稀世珍珠，用我们的线串起来就成为珍贵的首饰。当然,如果只是一粒粒的玻璃珠,串起来也不过是一个玩具而已。

chapter 2 | 第 2 章 |

数字化目标管理

很多公司目标无法完成的原因在于企业中存在着诸多障碍，其中不少障碍是外部因素，是不可控的；另外，在我们组织的内部，也有着许多不经意的障碍，然而我们却不自知。

要避开这些坑，就需要用到 DBOE 工具，这个工具是管理会计的三大提升的核心。企业经营需要有一个主线，我们围绕"目标"这条主线进行管理会计体系的设计。从开始的经验到现在的产品，再到 DBOE 工具的详细应用，都是为了让项目实施可以更加顺利。本章内容一方面是把数字化目标管理体系的关键点和逻辑整理清楚，另一方面是对关键行动计划的逻辑图进行详细的梳理，这些都是经过多年持续烧脑，总结无数案例的经验教训之后沉淀而成的结果。

目标完不成的九大"坑"

很多企业家都有宏图伟略，豪情壮志。刚开始定好目标的时候，老板信心满满，想象着各种成功后的画面。可是慢慢地，老板也被现实磨得失去了信心，管理层也非常受挫，明明都很努力了，为什么还是离目标很远？持续多年无法实现目标，企业家渐渐对未来失去信心，于是干脆放弃最初的目标，由下属自己上报目标。

究其原因，在于企业内部对数字化转型的认知还不够透彻。尤其是对于那些业务正处于发展和上升期的公司。我们结合这些年对实施项目的观察，总结出很多企业在定目标时存在的九大坑，希望大家引以为戒。

坑一：为了做预算而做预算

很多公司不知道为什么要做预算！不知道为什么要定目标！在他们看来，预算只是用来控制费用的工具。

给大家讲一个关于小船的故事。如图 2-1 所示，假设有一艘小船即将扬帆起航，首先第一个要确定什么？目的地。有了目的地之后还需要确定什么？一条航线。那么，这条航线有没有可能是一条直线呢？不一定，因为海底有一些暗礁或者冰山，我们的航线必须要绕过这些危险。所以，我们设定的航线必须是一条从起点到终点、既安全又经济的航线。定好了航线之后，就需要为旅途配备资源，需要多少水、多少电、什么设施、多少人等等。当一切准备就绪就可以扬帆启航了。请问，小船出发之后会不会完全百分之百，一点不差地按照既有航线来行驶呢？

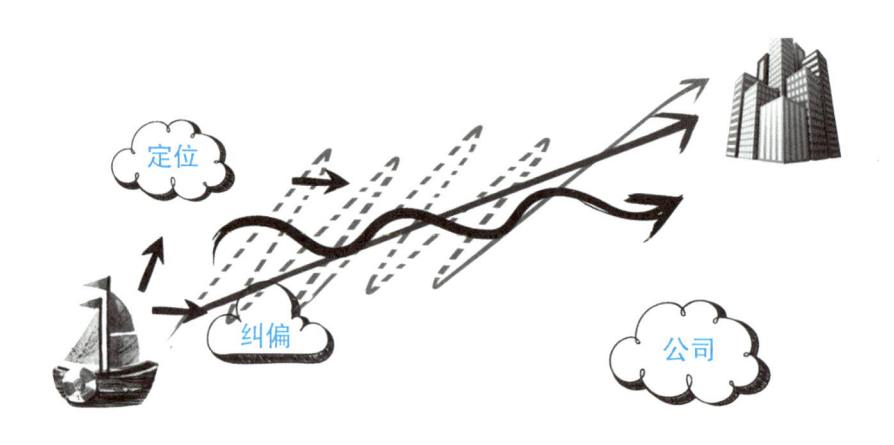

图2-1 战略目标管理体系

现实生活的经验告诉我们"不太可能"。当走了一段路之后，我们可能发现小船偏离了航线。我们是如何发现小船偏离航线了呢？首先，我们要知道小船在什么地方，东经或西经多少度，北纬或南纬多少度，确定小船的具体位置。那么，我们知道自己的位置之后是不是就知道自己偏离航线了呢？也不一定。这时候我们需要与之前计划的航线相比较。比较之后，如果发现与计划的航线不一致，就说明我们偏离了航线。总不能任由它这样偏离下去，于是我们需要纠偏。就这样一路走，一路纠偏，最终在既有航线附近，在一定的偏差范围之内到达目的地。

　　大家看，假如小船在航行的过程中，没有航线会出现什么结果？有人会说到不了终点。对，有可能。还有可能是就算到了终点，但是可能过程中绕了一个很大的圈，带来了很大的资源浪费。如果在这个过程中遇到了冰山或者暗礁，恐怕连浪费的机会都没有了。

　　小船如此，公司是不是也是一样呢？

　　公司在创立之初也有一个目的地，虽然很多公司开始发展的时候并没有一个明确的目的地，但是起码有一个盈利的目标，等到发展到一定程度以后一定会有一个宏图伟略。有谁看到哪家企业说自己没有目标？谁都不会承认。有了目标之后还要像小船一样，需要有自己实现目标的路径，好比小船的航线。事实上，目标大家都有，但是有多少公司是有到达目标的清晰的航线呢？或者说，公司内部大家理解的航线并不一致，老板以为的航线应该往左，执行层以为的航线应该往右。再来看，我们给小船配置资源，是根据什么来配置？没有航线，配多少油、多少水、多少人？又如何安全又经济到达目的地呢？

　　再来说定位和纠偏。我们发现很多公司一年才做一次定位和纠偏。年底才发现目标实现不了，于是马上喊来财务总监修改报表，这样的定位能帮我们实现目标吗？我们是要一年做一次纠偏，还是要在过程中不断纠偏？什么事情一年纠偏一次？什么事情一个月纠偏一次？什么事情要一周纠偏一次？还有哪些事情我们每天都要关注？

　　回答了上述问题，及时纠偏，最后在既有航线附近，实现目标或接近目标。

　　所以，为什么要做预算呢？预算是企业实现目标的管理工具，不能为了预算而做预算，或者只是把他当作控制费用的工具，那就太可惜了。

坑二：预算是财务部的事情

很多公司的预算工作是交给财务部门来完成的，由财务部负责组织协调沟通整个公司的预算事宜，也有一系列的流程和步骤。输出成果就是财务预算表格和预算的三张报表。预算以表格开始，到表格结束。

很多人觉得，交给财务一堆表格，让财务部做出这样的三张报表就算预算完成了。但是这些表格背后的故事是什么？假设是什么？无人深究，财务看了一堆数据也不知道这些数据是否符合逻辑，无从评估其合理与否。

甚至有些公司的财务不知道怎么做预算的资产负债表和现金流量表，只是利润表就万事大吉了，这样在实际执行的过程中就会出现团队不重视现金的管理，出现"有毒的利润"，不利于企业健康可持续发展。

或者有些公司只是定了收入利润目标，费用目标都没有。后面该花的钱没有预算，不该花的钱花了很多。

还有的公司干脆就定了收入的目标，他们不定利润的目标的理由是计划赶不上变化，认为定目标纯属浪费时间。这样就算后续收入目标实现了，"有毒的收入"也会同时出现，损伤公司的健康可持续发展。

预算不只是财务部门的事情，还需要业务部门共同参与。

坑三："小刘"们的预算

有些公司，在编制预算时，由财务牵头，发了一些预算编制表格，或者说预算编制系统，召集各部门负责人开会，介绍了预算怎么编制，以及相关的时间表。

各部门接到任务之后，转手就丢给了"小刘"。"小刘"是谁？是各部门的秘书、助理。于是"小刘"们就竭尽所能,挖掘可以找到的数字填入表格内,之后递交。在他们看来,完成了这些表格编制预算就算结束了。

请问,"小刘"们做的预算,可以指导目标的完成吗?如果实现了,纯属巧合。

坑四:三个脱节让目标落空

第一,目标与各部门行动计划脱节。

很多公司目标是 HR 部门组织制定的,跟绩效考核密切相关,大家也都非常重视,毕竟是与自己可以拿到多少钱有关的,不能不关注。而各部门的计划则是部门自己制定的,跟目标之间的逻辑关系很多时候就不是那么紧密,加上定目标的时候很多人是看老板脸色行事,要么就是老板施压,其实自己根本不清楚要怎么做才可以实现目标,甚至压根不认为目标会实现。

总之,目标归目标,行动计划归行动计划,你定你的目标,我做我分内该做的事,我努力了,问心无愧了,至于目标是否可以完成,就听天由命。达成之,运也;达不成,命也。在这样的态度下,最终错过了目标实现的机会。

第二,目标与资源配置脱节。

要实现怎样的目标?需要怎样的人才?由于目标没有达成共识,所以其实老板自己心里也是没底的,如果一次不达标,两次不达标,慢慢就会丧失信心。如果只是一个人不达标,老板会认为是个人的能力问题。而如果是大家都达不成目标,老板就开始抓瞎了,毕竟罚不责众。

当下属报了高目标,要实现就需要有高的资源配置,比如,需要五个高级销售人员。如果老板对于目标没有信心,认为不可能实现,那么在实际配置资源的时候就会犹豫，原计划该找的人员很可能进不来。在人力资源配置方面如此，在投资类资源和费用类资源方面也是如此，同样也会因为对目标没有信心，该投的资源没投，该花的费用没花。但是即使把少了钱用在本该高投资的项目上，如果达不成目标，结果仍是浪费。

第三，行动计划与资源配置脱节。

（1）人力资源和行动计划脱节。比如，在制定行动计划的时候没有做跨部门沟通，忽略了人才的招聘周期和培养周期，提出希望人才下周就可以到岗的需求，但是事实上越是优秀的人才招聘周期越长，培养周期也越长，何况还会遇到人力资源的能力问题。如此一来，就会出现计划是计划、资源配置是资源配置的情况，二者脱节，把目标丢在一边。

（2）费用资源跟行动计划脱节。行动计划包含许多具体的事，对于每件事需要花多少钱，在财务口径里面如何对应，大家并不清楚，大多数预算表格里面都是费用项目，比如办公费、差旅费等，但是做一件事要花多少办公费和差旅费，并不是简单一句话能描述的，而是需要综合考虑很多事项，如果没有称手的工具，大家可能一头雾水，无从着手。后续我们在"为什么财务总监的报表老板看不懂"一节会进一步的介绍。

（3）投资资源与行动计划脱节。投资往往涉及的时间会很长，如果没有经过严谨的目标推演和风险评估，或者在做投资预算的时候过于乐观、风险预估不足、行动计划没有跟上，或者对于实现路径没有进行严谨推敲等等，那么很可能到实施的时候才发现不合适，最终项目成为"烂尾楼"。在投资预算中，这些问题会经常出现。本来投资是要么对当期的绩效改善有帮助，或者是ESH（环境、职业健康安全管理体系）的需要，或者是为未来做储备。如果投资目的不能清晰定义，与目标之间的联系不清晰，就会出现后续计划归计划，投资归投资，目标迟迟不能变成事实。

坑五：缺乏共识

首先，老板与下级缺乏共识。

老板的目标和员工的目标达不成共识，这是非常常见的现象，预算领域有句话叫"上级对下级层层加码，马到成功；下级对上级级级灌水，水到渠成；横批，预算管理"。事实上，"灌水"和"加码"是始终客观存在的，如果预算项目时没有工具帮助大家挤水分，放弃不切实际的加码，在企业里面一定会存在老板的目标和员工的目标不一致的情况。当大家都认为这个目标无法实现的时候，等于在一开始就丢失了先机。

其次，各个部门之间缺乏共识。

事实上，企业里经常出现目标不一致的情况，比如销售往左走，研发往右走，这种情况比比皆是。以张家港的一家公司为例。2014年，这家公司一年之内亏损了1200万元。当我们与他们的研发部门沟通的时候，得知他们公司是做与达芙妮配套的鞋子面料的。按照道理讲，研发部门应该去研究如何帮助当年的销售实现业绩，但是他们竟然在研究十年后男鞋的走势。我当时就预料，他们公司很难活到十年后。果不其然，2017年底时这家公司倒闭了。

很多公司都是如此，各个部门围着自己的目标，却没有目标共识。再比如，2018年我们在上海的一家上市公司做项目，他们的审计部门，之前只有一个审计人员。在做预算的时候，他们算出来要增加37个人，组建一个庞大的审计团队，从查错防弊到业务审计再到战略审计，共需要投资3500万元，然而他们公司的总销售额才13亿元。我当时真想问一句，公司该有多烂，才需要这么庞大的审计组织。

很多人都是站在自己的角度思考需要做哪些事情。这种情况最容易发生在诸如研发、HR、财务、采购、质量等职能部门。他们刚开始就建体系，仿佛要把五脏六腑弄得透亮，但是并不关注公司的整体目标。这就造成了很多人所说的"大公司病"。

最后，很多公司在实现路径上没有共识。

我们知道，实现目标的路径有千万条，到底哪一条才是我们的核心？2B是企业发展的重点还是2C？是两级渠道最优还是五级渠道最优？

其实很多人都是靠自己的经验和感觉来判断，没有形成清晰的认识。结果张三的团队往左，李四的团队往右，实现目标的路径不统一，导致资源过度分散。所以资源如何配置，也会没有共识。

目标和实现路径脱节，实现路径和资源配置脱节。这样一来，每个人都觉得自己做的事情都是对的，每个部门都感觉自己在做对的事，但却看不到最终结果。稻盛和夫先生说："每当设定目标、追求目标实现时，都会就该事业的前景、目标如何具体展开，乃至实现目标的社会意义，向部下彻底讲明白。话要讲到听者全部接受，我常常感觉筋疲力尽。"在沟通目标时做到"筋疲力尽"，可见稻盛和夫有多么重视共识的重要性。

坑六：不会拟年度行动计划

刚开始给民营企业做项目的时候，他们说不会拟年度行动计划，我当时是不相信的。大家都知道，我们做项目相当于变革。对于变革，不可能所有人都支持，往往只有10%支持者，有20%是反对者，另外70%的人是观望者。

刚开始，我把说不会拟年度行动计划的人列入 20% 的反对者之中，后来才发现，他们是真的不会。经过对这些人的分析，我们发现有以下三种情况。

第一种情况，没有行动计划，目标层层下达，这是大多数公司的现状。人力资源定目标，财务做预算，谁也不理谁，行动计划是通过各级管理层口头命令式传达或者通过会议或邮件等方式发布。这属于"脚踩西瓜皮，滑到哪里算哪里"的情况。

第二种情况，"董事长语言"，指的是高度概括、高度宏观的目标，但是无法落地，最终变成摆设。

第三种情况，"猫头鹰"式行动计划，指的是每一条行动计划都详细到了极致，表格有好多页，但是完全找不到重点。

为此，我们发明了专门的流程图，教大家如何写关键行动计划，包括总经理、营销部门、研发部门、运营部门、人力资源部门等，我们都分别有对应的流程图。

坑七：财务目标是唯一的追求

很多公司只定财务目标，比如收入、利润和现金流等。有些甚至连利润和现金流目标都没有。我们会把这样的做法作为反面教材，因为这样设定目标极容易出现短视行为，不利于企业健康可持续发展。

关于制定目标，我们建议用 BSC 的逻辑来衡量。BSC，即平衡计分卡（Balanced Score Card），是由哈佛商学院的罗伯特·卡普兰和戴维·诺顿于 1992 年发明的一种绩效管理和绩效考核的工具。BSC 从四个维度出发，将组织的战略落实为可操作的衡量指标和目标值，它是一种新型的绩效管理体系。其中，四个维度包括财务、业务、内部运营、学习与成长。

为什么要用 BSC 的逻辑来平衡目标呢？在 BSC 中，Balance 是指财务与业务的平衡，这可以避免我们只看财务目标，不看业务过程目标的情况。如果只看财务目标，我们会忽略业务过程当中应当关注的重点。另外，有一些短期目标是没有财务结果的，但是影响着长期目标的达成。

所以，我们需要把业务目标、内部流程目标、学习与成长目标提炼出来。比如，对于企业来讲，如果看当期目标，培养关键核心人才可能并不是重点，因为它与当期的业绩实现没有直接的联系；但是对于公司的长期可持续发展而言，对关键人才的培养就成为核心的驱动因素。所以，虽然有些目标不是财务目标，但是它将是我们学习与成长中一个非常重要的指标，要去持续关注。

我们一定要区别财务目标与业务目标的使命，同时也要去平衡近期目标与远期目标。我们不可能把所有的资源投入未来目标中，也不可能把所有的资源只投入当期目标中。如何去平衡远期目标与近期目标之间的关系，在企业生命周期的不同阶段，我们所要坚持的原则是不同的。在企业发展的初期，我们可能会投入更多的资源去发展企业的未来；在企业的成熟期，对当期目标投入的资源可能会更多一点；在企业的衰退期，可能对业务投入的资源会更少一点，况且那时也未必有资源；在公司平衡可持续发展的时期，会增加更多的资源投入探索类项目中。

除了要平衡近期目标和远期目标之外，我们还要平衡过程和结果。因为对于我们来讲，虽然我们追求的是结果，但是在过程当中我们也需要找到可以及时发现、及时纠偏的可衡量的指标，以便于我们更好地做好过程管理，知道哪些是工作的核心，哪些是问题的关键。

由此可见，BSC 是实现结果达成目标的一个核心路径。财务、业务、内部运营、学习与成长四个维度之间的关系，我们会建立目标推演模型来实现。

先看财务目标和业务目标。如果没有业务目标来平衡，那么财务目标就有可能会牺牲未来，比如过度的促销行为等。没有促销是不行的，但是只有促销是没有未来的。我们要搞清楚两点：一是什么情况要做促销，什么情况不能做促销；二是在客户管理方面，哪些客户是有未来的，哪些客户是没有未来的，销售团队应该聚焦在哪些业务上面。

再看学习与成长目标和内部流程目标。这两个目标，是企业为了做大做强而进行的人才体系和流程制度体系的投资。这两大投资在企业壮大的过程中非常重要。如果不建立这些体系，企业在慢慢壮大的过程中就会失控，最后失去做大做强的机会。

财务目标只是关于收入的话会更加危险。这里需要注意三点：首先，必须警惕"有毒的收入"，所谓"有毒的收入"指的是没有利润的收入；其次，还要警惕"有毒的利润"，"有毒的利润"指的是收不回现金的利润；最后，警惕"有毒的现金"，"有毒的现金"指的是没有未来的现金，这种现金是一次性的，但是会占用企业资源牺牲未来的健康可持续的发展。在进行战略梳理的时候，还会提到"有毒的机会"，指的是那种没有经过充分评估风险的机会，我们在后面会讲到。

坑八：用考核替代管理

企业的目标有两类：一类是考核目标，另一类是管理目标。很多公司用考核代替了管理，结果目标变成困住团队手脚的缰绳，甚至造假的源头。

比如商机数量，很多公司的 HR 用这个来考核销售人员，将商机数量跟销售人员的收入挂钩。于是很多销售人员为了获得高收入开始造假，导致一堆垃圾数据进入了系统。最终可能业务人员奖金拿得盆满钵满，然而实际结果并不好。

也有些公司用客户数量进行考核，同样也会出现类似的情况。比如，有些公司考核客诉数量，然后你就会发现再也看不到客诉了。大家都知道，在企业里面有两个"金矿"：一个是教训，另一个就是客诉。如果这些"金矿"都被埋没，不能不说这是一件非常可惜的事情。如果是为了引起大家的重视才进行考核，那么，我建议可以考核一阵子，但是绝不能考核一辈子。也就是说，当大家不重视商机的时候，先进行三个月考核，等引起大家的注意力之后就撤掉。

所有的这种容易造假或者容易舞弊的指标，都不适合考核。但是它们可以作为管理指标，在日常管理过程中检查这些指标之后，再做根因分析，问过三个 Why 之后，很多问题便可原形毕露。不考核，大家也就没有动力或者没有必要去造假了。所以，千万不能以考代管。

考核其实是为了激励大家，而不是为了惩罚大家。很多公司的考核指标定出来之后，有 80% 的人都完不成目标，这样的考核不利于激励士气，更不利于建立员工、客户和股东三方共赢的健康、可持续的局面。

如图 2-2 所示，只有员工做正确的事，获得了上级的激励，才会更愿意对客户好；客户满意之后，公司的绩效就会提升，这是股东想要的结果。因此就可以形成三方共赢的局面。反过来，如果员工不知道怎么做正确的事情，也就没有获得激励；或者员工做了正确的事情，但是没有获得激励，都会影响他们对客户的态度，从而影响客户的满意度，公司的业绩也会因此下降，股东也会因此非常不满意。这种情况就会陷入恶性循环。所以必须重视两个关键点：一是员工要做对的事情；二是有效激励员工，而不是打击员工。

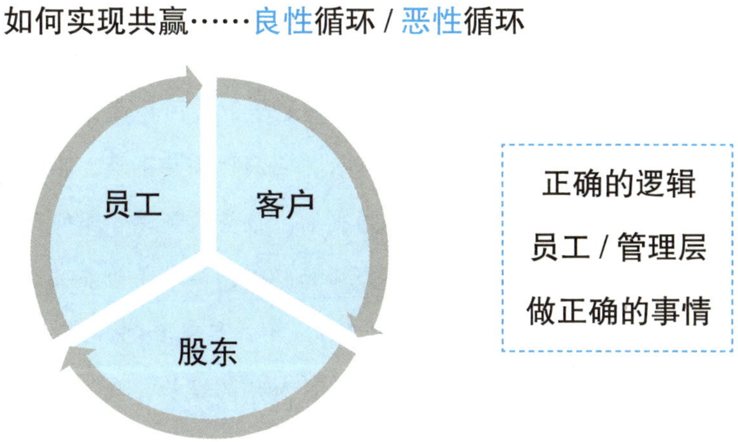

如何实现共赢……良性循环 / 恶性循环

正确的逻辑
员工 / 管理层
做正确的事情

图 2-2　员工、客户和股东三方共赢

坑九：经营过程中目标偏离

目标是目标，经营是经营，并且在实现目标的经营过程中缺乏纠偏机制。

我们发现，有的公司做完预算编制后就编制成册，之后便束之高阁。等到第二年进行编制预算的时候再拿出来。按照这种做法，最后的结果与最初的目标就很有可能偏离了十万八千里。

企业要根据具体的情况，进行经营过程中的纠偏工作。一般而言，预算编制应提前 3~6 个月开始。在实际经营过程中，预算编制往往因为外部环境而发生变化，这就需要在战术方面进行调整，并且还要适时地评估调整后的战术与既定的战略目标是否有发生偏移。如果有，就要及时纠偏，避免偏移太多拉不回来，战略执行落空。通常我们一个月至少开一次经营分析会对目标的达成情况进行复盘，以更好地落实后续的"关差"计划（顾名思义是"关注差距"），即做哪些工作可以补回前期的差距。

我曾经辅导过山东的一家公司，他们是做出口业务的，出口的国家数量高达180多个。在接触我们之前，他们已经做了六年的预算，还有专门做预算管理的BPM系统，但是每年的预算目标完成率只有30%~50%，收入连续几年没有增长，利润也年年下降，管理团队对未来看不到希望。于是他们找到我们，希望做预算管理项目。三年项目实施下来，第一年预算完成率为70%，第二年为90%，第三年实现了100%。其中，其管理利润第一年就实现119%的增长，第二年实现了67%的增长，第三年实现了38%的增长，最关键的是整个高管团队对未来重拾了信心。

DBOE 工具中数字化的应用

只有躲开影响目标完成的九大"坑",才能让目标更加有逻辑,有共识,更加健康可持续。那么,这就需要重塑目标管理思维。DBOE 工具可有效实现目标管理数字化。

DBOE 工具的实际应用

DBOE 是四个单词的组合:D,Digital,指数字化;B,Bounce,原意是弹跳,这里指转型或者腾飞、升级;O,Organization,指组织或者公司;E,Effective,指高效。无论是培训还是咨询,这四个单词都代表了我们一贯追求帮助客户实现高绩效、健康可持续发展的目标,也代表了我们的决心和努力。

如图 2-3 所示,DBOE 工具可以帮助我们用决策数据建模,做公司目标推演模型、业务端的目标推演模型、产品端的目标推演模型、战略分析、预算分析、经营分析;在目标制定阶段用数据梳理逻辑,帮助团队达成共识;在经营的过程中,用数据帮助团队找到管理重点,实现精准"关差"(公司快到年底任务未完成,差距较大时,对剩余未完成值进行分析、估计,细分目标、督促完成,这个过程叫作关差)。

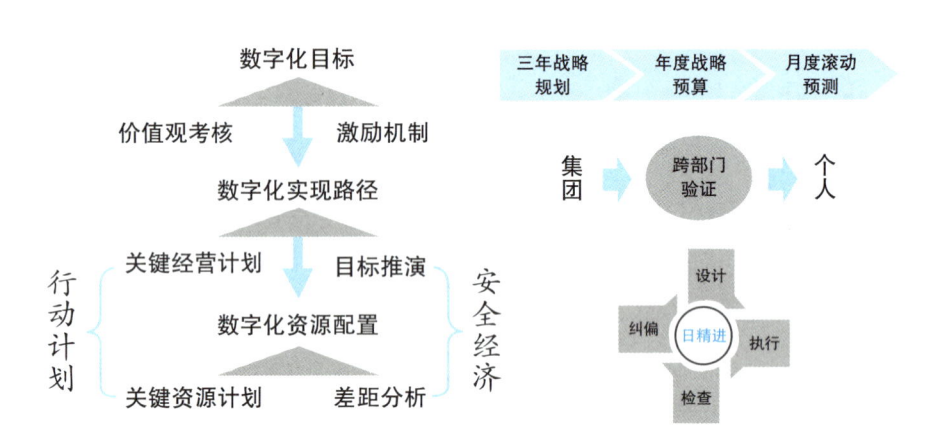

图 2-3 DBOE 工具的作用

我们曾帮助浙江一个企业做项目，该企业有一个战略叫"渠道扁平化"。在做考核时，奖惩以客户数量为考核标准：增加一个客户就奖励员工多少元。结果 4000 多家客户共实现了 5 亿元销售额。在这 4000 多家客户里面，97% 的客户只卖了 3% 的销售额。按照二八法，20% 的客户卖 80% 的销量算是正常，但是这家企业 97% 的客户竟然只卖了 3% 的销售额。该公司有一个庞大的销售中心，所有人每天都很忙，大家忙着处理年销售额 2 万元、3 万元、5 万元的订单。注意，是年销售额，不是一次销售额。他们这样配置资源是非常不合理的。这根本不是渠道扁平化。

泉州的一家公司也是实行渠道扁平化，因为他们认为在整个价值链当中，批发商、零售商都是剥削家。为了不让中间商赚差价，他们就实行去中心化，将产品全部直接发到零售端，因此他们的客户数量特别多。但是他们并没有就路径问题达成共识。当路径与决策数据脱节，所有的决策和最终的执行也都是脱节的，那么最终的结果自然也就无法实现。这是很多公司都遇到的一大问题。

数据是达成共识的最好工具，我们要懂得如何架构模型，如何通过数据分析找重点，如何做目标推演。我们需要用大数据帮助大家建立成功标准，在建立标准的过程中，需要进行数据间的对比。如果没有比较，单看一个人的数据，是很难做出较为准确的分析，看起来也会比较无感。因此，我们需要大数据，需要从大数据里面找到大概率事件。

如果仅仅靠员工个人积累大数据，这就意味着他要花费很长的时间，可能是三年，也可能是五年，甚至更长的时间。但是如果依靠团队的力量，大家的数据就变成了大数据，我们可以更快捷地在大数据里面寻找大概率事件的规律。

对员工的奖惩和绩效管理都要围绕决策数据。在目标制定的过程当中，我们要做目标推演。目标推演实际上并不是独立的，而是要把目标的实现路径和资源配置结合起来。销售推演都是按照成交路径来架构的，而这个成交路径的资源配置，我们所要关注的不仅仅是资金的问题，更要关注的是人，包括人的时间、人的数量、人的产能。

后疫情时代的 DBOE 应用

20 世纪初，美国福特公司正处于高速发展时期，一个个车间、一片片厂房迅速建成并投入使用，客户的订单快把福特公司销售处的办公室塞满了。每一辆刚刚下线的福特汽车都有许多人等着购买。突然，福特公司的一台电机出了毛病，几乎整个车间都不能运转了，相关的生产工作也被迫停了下来。公司调来大批检修工人反复检修，又请了许多专家来察看，可怎么也找不到问题出在哪儿，更谈不上维修了。福特公司的领导火冒三丈，别说停一天，就是停一分钟，对福特来讲也是巨大的经济损失。

这时有人提议去请著名的物理学家、电机专家斯坦门茨。大家一听有理，急忙派人把斯坦门茨请来。斯坦门茨仔细检查了电机，然后用粉笔在电机外壳画了一条线，对工作人员说："打开电机，把记号处里面的线圈减少16圈。"人们照办了，令人惊异的是，故障竟然排除了！生产立刻恢复了！福特公司经理问斯坦门茨要多少酬金，斯坦门茨说："不多，只需要1万美元。"1万美元？就只是简简单单地画了一条线！当时福特公司最著名的薪酬口号就是"月薪5美元"，这在当时是很高的工资待遇，以至于全美国许许多多经验丰富的技术工人和优秀的工程师为了这5美元月薪纷纷从各地涌来。1条线，1万美元，这是一个普通职员100多年的收入总和！斯坦门茨看到大家不情愿的样子，转身开了一张清单：画一条线，1美元；知道在哪儿画线，9999美元。福特公司经理看了之后，不仅照价付酬，还重金聘用了斯坦门茨。

我们常常把自己的角色定位为斯坦门茨，用"数字"来帮我们找到"这条线"。当外部环境发生了颠覆性的变化，无论如何，都需要花时间重新审视之前做过的预算。在新的外部环境下，以前成熟的做法现在可能行不通了，需要重新评估，判断哪些路径需要做优化调整，哪些资源配置做相应的调整，目标是否依然有逻辑。

在后疫情时代，不再适合做年度的预算，适合做 M+3 预算，也就是未来三个月的预算，或者叫作弹性预算，这样更加灵活，便于应对。做 M+3 预算，需要前所未有地重视降本工作、人才盘点工作和产品创新，对于已经不适合环境的策略，要快速迭代。

DBOE 体系还是这个体系，逻辑还是这个逻辑，只是 DBOE 的应用周期更短，战略评估的周期更短。

不只是疫情，在其他灾难性的危机出现之后，都需要这样做。当然，我们需要的是"晴带雨伞，饱带干粮"，做好充分的蓄水池计划，即便灾难发生，也可以从容度过，不至于伤筋动骨。本书后面会进一步讲团队建立危机意识和公司建立风险管理体系。

目标的数字化实现路径

公司经营有目标，才有发展的动力。而要实现这一目标，就需要以目标为核心进行管理会计体系的设计。不但要梳理清楚数字化目标管理体系，更要通过目标推演，建立模型，梳理清楚目标的关键点和逻辑，从而明确目标达成的正确路径。

战略目标管理体系

现在很多领导者喜欢将使命、愿景、价值观、战略、目标挂在嘴上，但是往往混淆这些术语。曾有一位高管跟员工说："企业接下来三个月的'战略'是削减成本。"他显然把战略和短期目标混淆了。

使命是指企业为什么要存在，是公司的立企之本。比如，阿里巴巴的使命是"让天下没有难做的生意"，实现这一目标，至少需要奋斗 30 年。

愿景是承接使命的可以描绘出来的蓝图。比如，阿里巴巴的愿景是"要让企业活过 102 年，到 2036 年，服务 20 亿位消费者，创造 1 亿个就业机会，帮助 1000 万家中小企业盈利"。这些就非常具体清晰，是一个至少需要 10 年才可以实现的目标。当然阿里的愿景就更加久远一些。

价值观是企业处理事情的原理和原则，包括什么事情可以做、什么事情不能做、什么事情是提倡做的。比如，2019年阿里更新后的核心价值观：第一，客户第一，员工第二，股东第三；第二，因为信任，所以简单；第三，唯一不变的是变化；第四，今天最好的表现是明天最低的要求；第五，此时此刻，非我莫属；第六，认真生活，快乐工作。

这些是规章制度无法涵括的，是需要全体员工坚持的行为准则，是企业家在经营过程中需要遵循的做事原则，是企业得以健康持续运营的基本准绳。

目标分长期和短期。长期目标是愿景的构成要素，短期目标是实现愿景道路上的里程碑。目标也可分为近期目标和远期目标。

由此可知，使命、愿景、目标是一个从远拉近的过程。使命是需要至少30年才能达成的目标，愿景是需要至少10年才能实现的目标，战略目标则是需要三年才能完成的目标。再拉近一些，就是一年的目标、三个月的目标、下个月的目标、下周的目标。所以，目标是由远至近越来越具体的。

使命、愿景、价值观、目标，共同构成目标管理体系，目标管理体系往往需要和企业的宏图伟略结合起来，所以我们通常叫作战略目标管理体系。在这个体系当中，最重要的起点是我们的目标。目标管理体系的原点是使命、愿景、价值观。

目标推演，建立模型

如果企业要制定明年的目标，那么应由谁来定？大多数企业一般都是由老板制定。这就意味着明年的目标应该是承接企业的战略，而战略又是承接着企业的愿景。由此可见，目标应该是一点一点地推演过来的。

目标是战略规划的输出成果。

然而，现在的老板越来越不敢制定目标。因为多次定目标却无法实现，被现实一次次打击之后，所以他们只能把定目标的任务交给下属。

那么，目标到底应该定成什么样会比较合适？

如果目标定得特别高，高不可攀，这样并不好，因为达不到的目标毫无意义，只会让人在挫败感中消耗自己的斗志；如果目标设定得很低，唾手可及，这样的目标也并不是好目标，因为市场竞争非常激烈，是一个你死我活的竞争态势，如果你的步子慢一点，就有可能被淘汰，失去发展的商机。

所以目标既不能定得太高，也不能定得太低。设定的目标一定是"跳一跳够得着"的。什么是"跳一跳够得着"？每个人所能"跳"的高度是不一样的，如何衡量这个度？

稻盛和夫在重庆的讲话中说过，他会为了就"为什么要定这样一个目标"以及"目标存在的社会意义""为什么要用这样的方法去制定这个目标"去不断地沟通，直到"对方完全接受"，经常"沟通到筋疲力尽"。由此可见，制定目标是一件非常痛苦的事。

DBOE 的特点是用数字化的目标推演帮助管理团队达成共识，推演模型上面还会结合实现路径。通过战略目标推演和预算目标推演建立一个立体的经营模型，企业家和领导者应该是企业经营的设计师，设计如何规划好企业的未来，有怎样的假设，这些假设的现状是什么，可行的目标是什么。经历过所有人的共同推演之后，所得出的目标就会看到其中的逻辑。不只是目标推演，更加重要的是风险评估。关于如何做风险评估，我在第五章会系统地介绍。经历过目标推演和风险评估而制定的目标有着严谨的逻辑，管理团队有共识，后续执行就相对容易。

有了目标之后，我们还要思考它的实现路径，即通过什么样的方法可以实现目标。比如，从营销角度要考虑的是成交路径（即从客户初接触到客户成交的整个流程的任务清单）是什么，从员工成长的角度要考虑成长路径（即

第 2 章
数字化目标管理

从岗位的初级能力到高级能力的成长任务清单）是什么，以及其他模块的实现路径（即每个部门实现任务关键步骤清单）是什么。对于企业来说，企业要考虑的是成交路径、实现路径与成长路径如何配合才能实现企业成功路径。

有了目标和实现路径之后，接下来要考虑的就是如何实现目标，我们需要考虑资源如何配置，需要多少人、多少钱、多少设备、多少投资。

目标、实现路径和资源配置要进行一致性评估，可以用行为数据、业务数据和财务数据建模进行数字化的验证。然而大多数公司是通过拍脑袋形式完成的。在很多公司，这三者就是一个预算制定的过程。在预算制定的过程当中，很多公司都是玩数字游戏。在这个过程当中每个人都希望自己获得的资源多一些，以便实现目标的可能性大一些。如果我们没有一个科学的方法帮助他们去评估、去判断，那么就有可能出现"会哭的孩子有奶吃"，谁喊得声音大，谁抢的资源就多的现象。

在实际运行当中，花的钱对不对？有没有花到位？该花的有没有花？不该花的是不是都花了？在过程当中应当如何去纠偏？有些公司到第四季度时才发现预算没有花完，于是为了第二年有充足的预算，就出现了突击成本费用的局面。这些对公司都是巨大的伤害。

在整个目标实现路径上，我们要梳理到底该做的事情有没有做，哪些事情不该做的反而做了。经过梳理之后，我们就要对此进行纠偏。

我们曾服务过的 A 公司在很早以前就非常注重目标管理，但是由于缺乏规范的预算体系，预算目标的管理很难系统性地开展。为了解决这个问题，他们在 2012 年找到我们开始尝试建立系统性的预算体系，从原先的财务核算团队内找了两个工龄足够长的人专职做预算相关工作。当时，他们面临的问题是：不知道这个工作做得有没有意义，以及从哪些地方着手来保障预算工作可以体系化地执行下去。

经过一年的积累，尽管他们的预算工作水平仍然很低，但由于每月的例会上会讲到实际执行的情况与目标的差异，且在总经理的大力支持下，业务团队慢慢接受了预算思想，经常和预算部门交流业务上的信息。

从 2013 年开始，该公司预算工作开始成熟，形成了从营销制定、采购计划、生产计划、产品研发、全面费用预算的整套预算思路，不再单单是财务在做预算，而是形成了预算项目组专门来开展这项工作。考虑到过去一年行政命令做增量预算存在很多不合理性，我们创新了预算目标的方式，首先就是销售预算的创新。

A 公司长期以来是以出口渠道为主的销售方式，因而销售目标的制定主要是以出口销售额的制定为主。该行业内有十多家主要的竞争对手都通过报关的方式进行出口销售业务，因而可以获取相关的出口销售数据。于是我们将这一部分小样本的海外销售市场份额和市场容量作为我们销售目标制定的起点。在这个样本之内，我们精确掌握了 A 公司在各个细分领域的销售份额。

同时，行业协会和几家专业媒体都有比较可信的行业数据。之所以说数据可信是因为世界上该行业 90% 的产品都是由中国企业提供，基本上都是通过海关报关方式出口到世界各地的，因而数据准确性毋庸置疑。行业协会和这些专业媒体还会对行业动态进行广泛的分析，因而每年都会发布比较权威的下一年度市场容量数据。有了市场容量，有了市场份额，是不是销售预算就比较好制定了？明年销售目标＝今年的市场容量 ×（1+ 市场容量增长率）× 今年的市场占有率×（1+占有率增长率）。

从此以后，每年我们制定年度预算的第一个环节就是打开世界地图，在每个区域分析我们的市场份额、客户的需求和总体市场容量，由此形成业务团队的奋斗目标。其实这个目标最重要的就是市场占有率目标，我们不再以行政命令的增量目标作为销售目标，而是以科学测算为基础的奋斗方向。在某一些区域，我们的市场占有率已经很难再提高了，而在一些其他的区域，我们的市场占有率还有很大的提升空间，我们据此调整相应的资源分配以保证销售目标能够实现。

目标制定清楚了，还需要有可实现的方案来落地。于是销售团队搜集所有客户未来一年的业务事项，以此来作为每一个项目具体要跟进落地的载体。其中已有的项目能够涵盖我们大部分的预算目标，还有一些差距就作为销售团队努力的方向，预算项目组组织大家开专题会一起讨论如何实现，大家分别从老客户新产品、新客户老产品、老客户老产品增量、新渠道、细分市场盲区等角度一起讨论可行性。经过几轮研讨，再加上多方收集的信息，团队智慧、情报的共同碰撞，大家对于这些差距变得越来越自信。年底的目标责任状大家都是信心满满。最重要的是，整个销售团队在整个预算项目的实施过程中，对如何挖掘市场机会、如何评估内外部风险、如何进行团队协作沟通都有了方向，整个团队心往一处使，共同寻找突破口，勇敢面对越来越激烈的竞争环境，建立了敢于"虎口拔牙"抢夺市场份额的决心和信心。

作为年度预算的起点工作，销售目标已经制定清楚，接下来的产品方案、采购计划、营销方案都是与之相配套的具体工作，就有充分的依据。整个预算工作的头绪非常清晰，未来预算执行情况的分析充分，预算的体系就很完备了。由此还带动财务部门深度融入具体业务之中。从此，打开世界地图制定预算目标，就成为A公司独特的预算传统。

公司目标与个人目标的平衡

上一节讲的是企业目标。企业目标与个人目标有所不同。那么，个人目标应当如何实现呢？

之前听到这样一个故事。有一对德国夫妇，在长江三峡的边上，看到很多纤夫拉船。有一群人，过一段时间就去抽打纤夫，一鞭子下去，那些纤夫身上就会出现一道血痕。德国夫妇实在看不下去了，就上去斥责抽打者。没想到的是这对夫妇却被纤夫拦下来了。原来这些抽鞭子的人竟是纤夫雇来的。纤夫说，如果没有他们的鞭策，队伍里就有人会产生惰性，不再用力拉船。

惰性是人的本能，很多人希望自己的工作"钱多事少离家近，位高权重责任轻"。因此，我们需要一种机制去鞭策自己，克服我们的惰性。

管理有的时候是有违人性的，为了克服惰性就要设定合理的绩效考核标准，把个人目标和公司目标进行权衡，最终在激励机制和价值观考核的双重作用下，将绩效考核落实到奖惩上。在奖惩过程中，到底是应该奖励多过惩罚还是应该惩罚多过奖励，其实非常有艺术。很多公司没有运用好这一艺术，结果激励机制变成了惩罚机制，将此变成管理层与团队互相博弈的工具，最终在团队内耗中错失了实现目标的机会。

价值观考核非常重要，是公司文化的重要组成部分。很多公司每个月都会进行360度的考核，积累价值观小故事，包括正面和反面的故事，慢慢地，公司的哲学手册就完善起来了。

绩效的奖惩

整个的DBOE工具，看起来最简单的是绩效的奖惩。但是事实上，奖惩做不好，就会前功尽弃。奖惩是在整个DBOE管理体系中最重要的环节。奖惩要做到公开、公正、公平。但是大多数中国的企业只会用钱对员工进行奖励。并不是说物质不重要，物质非常重要，当我们温饱还没有满足的时候，何谈精神？何谈使命？但当我们的物质生活得到满足之后，我们便会追求更高层次的满足，那就是做这件事情的意义。

这件事情该不该做，是不是"功在当代，利在千秋"的有意义的大事。稻盛和夫在这方面做得非常极致。他说在追求物质幸福的同时，更注重精神幸福。追求精神幸福的过程中，经营如游戏般有趣。

那么，如何体现这种游戏的乐趣？这就考验管理的设计感。比如我们在有些项目中评选"商机王""录单王""预约王"。通过这些小游戏的设计，可以让员工感受到工作的乐趣。这比简单的物质奖惩来得更加有价值、有意义、可持续。相反，那些只重视物质奖励而忽视精神奖励的公司，员工在枯燥的工作里失去做事的激情和动力。

是否能在工作中找到乐趣感，每次遇到挑战的时候是否能像挑战怪兽一样去消灭它？这就体现了精神奖励的重要性。对于我们，只有找到工作的意义，才能持续精进，不断提升能力，才能实现目标。

奖惩地图

奖惩最大的问题在于可控与不可控。如何判断它可控还是不可控。如图2-4所示，我们可以进行因素分析，因为这是最容易发生冲突的地方。奖惩的原则是：可控的有利结果要奖励，可控的不利影响要惩罚，不可控的是不奖不罚。

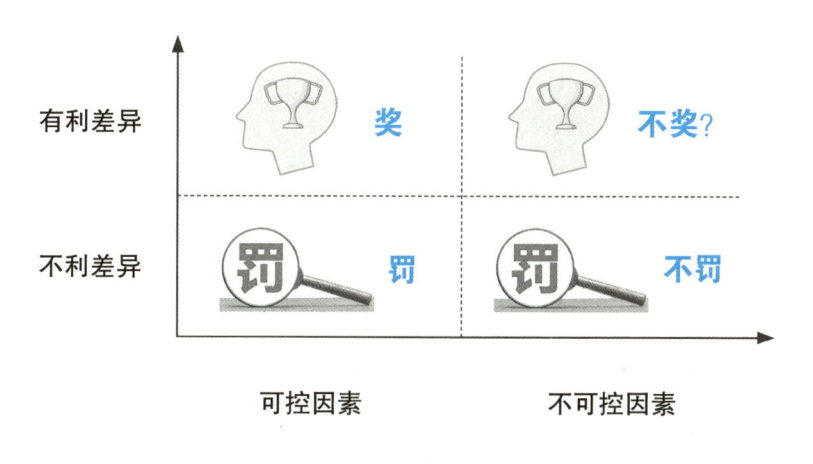

图 2-4 奖惩地图

有这样一个案例，在分析没有搞定客户的原因时，销售人员中有人认为是价格的问题，有人说是交期的问题，也有人说是没有了解到客户需求的问题；领导认为是销售回访次数太少，与价格无关。但是对于销售员来说，价格是不可控的，他没有价格决定权，所以是价格原因，而且大多数客户拒绝的理由都是价格太高了，因此才没有完成任务。但是在领导看来是，如果你能坚持回访，那你成功的概率就会提高，业绩也提升。因此，领导认为问题的根源在于销售人员的回访次数太少。

在这个案例中，任务没有完成的原因，老板认为是回访次数太少业务员认为是价格太高。两者并未达成共识。如何才能让老板与员工达成共识？最准确的方法就是使用客观的数据。

数据包括行为数据、业务数据和财务数据，在这里我们可以使用行为数据。那么，应该使用什么样的行为数据，做什么样的分析才可以让员工知道，回访次数越多业绩就会越高？我们可以统计该员工过去三个月以来的数据，包括他回访多少，别人回访多少人，他的是业绩多少，别人的业绩是多少。通过行为数据的对比分析，可以看出所有业绩好的员工都有一个共同的表现——回访次数得多。

通过这些客观的数据，把问题清晰地呈现，否则很可能就是无休止的扯皮。在老板眼里，员工是推诿责任、抓不到工作重点的笨蛋；在员工眼里，老板是万恶的资本家，站着说话不腰疼。打口水仗毫无意义，唯有事实胜于雄辩，把数据分析做出来，既可以让对方心服口服，也能让员工通过分析了解其中的规律，找到成功之道，还可以让双方达成有效共识，促进共同目标的实现。

输出关键行动计划

一个企业必须首先确定自己在未来某一特定时间内所要达到的目标，然后才能考虑如何进行计划并制定策略使自己的目标变为现实。

企业目标是企业一切生产经营活动的阶段目的或最终目的。"金字塔"的顶尖是一个企业的任务，也就是企业的总目标。总目标直接基于所选定的任务。接下来，战略计划、分段目标和行动计划又由总目标引出。战略计划一般都是由组织内的高级管理层制定。分阶段目标则是在总目标和战略计划的结构内所要达到得更为详细、更加具体的目标。行动计划可以是与分阶段目标，或者总目标相关联，也可以是同时与两者相关联。

我在项目当中发现，有很多人其实不会写行动计划。有些人会简单地列一个事件清单，他认为这就是他的行动计划。事实上，事件清单并不等于行动计划。在实际的业务管理过程当中，我们可能需要事件清单，但它并非我们在目标管理过程中的关键行动计划。

那么，应该怎样输出关键行动计划？这就需要我们通过逻辑图，如图 2-5 所示，来考虑资源配置与关键行动计划之间的关系。

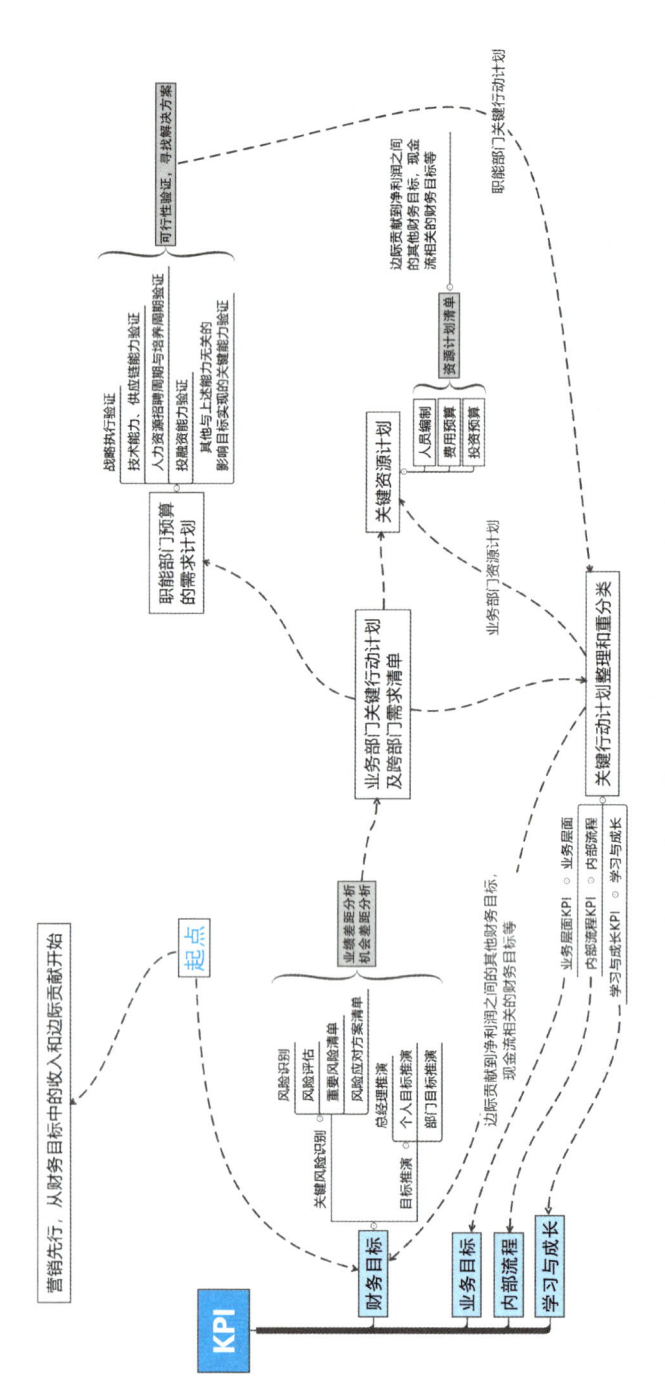

图 2-5 资源配置与关键行动计划之间的逻辑图

从战略规划到 M+3

公司根据不同的目标,有着不同的逻辑图,可分为三类。

第一类,在战略规划层面上,战略是聚焦企业未来 3~5 年的目标,因此会有一个战略规划的逻辑图,输出的是目标、关键成功要素 KSF(Key success factors)和关键资源配置 KRR(Key resource requirement)、关键绩效指标 KPI(Key performance indicator);

第二类,在战略预算的层面上,有战略预算的逻辑图,输出的是年度目标、关键行动计划、人员编制、费用预算和投资预算;

第三类,未来三个月计划当中有 M+3(未来三个月)计划的逻辑图,输出的成果是三个月的目标、关键任务清单、人员编制和费用预算。

这三类逻辑图的大逻辑相同,只是概括程度会有所不同。以目标为例,战略规划的目标是到年,最多到季度,战略预算则是要到月,M+3 计划则是可以到周、到日。关键成功要素可以从组织能力的几大模块来梳理,可以下沉一级进行规划,而战略预算在战略规划的基础上则要继续细化一级到两级成为关键行动计划,M+3 计划就要尽可能到具体的任务清单了。

那么,这是否意味着所有的企业既要做战略规划的逻辑图,又要做战略预算的逻辑图,还需要做 M+3 计划的逻辑图呢?答案并非如此。

阶段不同,计划策略不同

原则上,只要我们战略规划的逻辑图是系统的、合理的,输出战略实现目标的关键成功要素以及实现目标关键的 KPI 是系统的、合理的,那么在预算层面就不需要这么复杂,只需承接战略规划的这些关键成功要素,去思考如何将其细化到具体的事项中，如何优化资源配置。当完成了这些步骤，我们的战略预算就会变得非常简单。接下来，就是由 M+3 计划执行战略预算的逻辑，然后再进一步去细化。

由此可见，战略规划、战略预算、M+3 计划是一个逐步具体的逻辑。也就是说，如果战略规划的逻辑已经非常清楚，那么预算就变得非常简单，M+3 计划在执行的过程中也就更加容易操作。除非需要做重大战略调整，才需要去重新梳理这份图。

与此同理，如果没有做好战略规划，那么就要把战略预算的逻辑图做得非常细致和严谨，梳理清楚实现目标的逻辑和关键的成功要素。如果战略预算是非常合理的，那么 M+3 计划就会非常简单，只需每天关注 KPI 的完成情况和具体走势就好了，管理层可以放心地去打高尔夫。但是如果没有把预算的逻辑图梳理清楚，这就意味着必须在 M+3 计划的逻辑图上下功夫，梳理好 M+3 计划的执行逻辑。

那么，对于企业来讲，到底是在战略规划的阶段就把逻辑图梳理清楚，还是在 M+3 计划的时候才去用心梳理逻辑图呢？答案不言而喻。因为，在战略规划一塌糊涂的情况下，去做 M+3 层面上的逻辑图是非常痛苦的。

实际上，每个战略规划的参与者都需要有非常强的远期规划能力，以及总结和提炼过去的经验的能力，或者说经验萃取的能力。然而，大多数公司的管理层并不具备这两种能力。他们很难从过去的经验当中或者通过对公司内外部的情况分析当中提炼出成功的关键要素，因此也就很难对未来的发展产生核心洞察力。

其实这两种能力都是可以通过训练培养出来的，可能刚开始时需要花费很长的时间才能洞察出未来三个月的情况，但是万事开头难，通过长期的训练，就可以逐步训练出洞察企业未来三年概况的能力。

未来是不确定的,风险无处不在,如果没有很强的抗风险能力,对于企业来说可能是致命的危险。当我们能够沉淀出那些可控的因素,就必然能够实现这样的逻辑,那么我们就会逐步树立实现企业健康可持续发展的管理信心。

关键行动计划的制定过程

关键行动计划的起点是财务目标。在看财务目标的时候，不能只关注财务收入，还要重视现金流和边际贡献，因为有时候收入多并不一定是边际贡献多的原因。我们需要用边际贡献这把尺子来衡量收入的质量。同样，有时候我们需要用现金流这把尺子来衡量利润的健康与否，防止"有毒的收入"和"有毒的利润"发生。

我们需要从营销端的收入和边际贡献的这个起点一起来看财务目标。

那么，这个起点是怎么来的？它可能是我们拍脑袋想出来的，也有可能是我们根据老板的期望而设定的，但最好是我们经过愿景推演和战略规划得来的。如果我们先拍脑袋，之后再不断修正它（如果用 DBOE 工具梳理战略规划的话，过程中也会发现问题），逐步在公司建立战略目标管理体系也是一种可行的成长步骤。

拿到该起点后，我们要做三个动作：一是做风险地图，二是做目标推演，三是跨部门沟通。

风险地图

先做风险地图，评估实现目标到底有哪些风险。

在实现目标的过程中，所遇到的风险可以分为四类：一是事情的风险；二是人的风险；三是团队的风险；四是机制的风险。其中，机制的风险包括定价机制、团队的绩效机制、晋升机制、淘汰机制、团队的职责分工机制等。

我们要将这四大类风险进行细分，判断哪些风险是内部的风险，哪些是外部的风险。管理外部风险的角色至少应该是董事会层面上的，我们要想办法避开，集中精力关注内部风险。内部风险又分为部门内风险和部门外风险。有一部分业务部门外的风险是业务部门内部需要考虑的，比如质量风险、产品风险、资金风险、人才风险等虽是业务部门外的风险，但与业务部门息息相关。

因此，我们可以给其他职能部门提出跨部门的需求清单，交给其他部门做跨部门的沟通。而如果是业务部门内的风险，就需要对风险的重要性进行评估，等到评估好之后，要针对影响目标的关键风险去梳理解决方案，制定出具体的关键行动计划。

目标推演

然后是做目标推演。

实现目标的驱动因素有很多，那么到底哪一条才是最适合我们的？有些路径能够很好地实现目标，但是我们未必有足够的资源和组织能力。因此，实现目标的路径必须与我们的组织能力相匹配。在此基础上，再去做总经理、个人和部门的目标推演。

首先，在总经理层面上，目标推演需要从公司的整体全局的角度去看，研究各个部门到底要完成到什么程度对公司整体才是最经济的和最安全的。所谓安全是指实现目标有 80% 以上的信心指数。

其次，在部门层面上，推演包括两种：一是人的推演；二是事的推演。关于人的推演，我们要聚焦团队的能力，了解是否有足够的有胜任力的人可以支撑部门目标的实现。关于事的推演，我们要聚焦成交路径，对每一个关键步骤进行分析，有什么样的漏洞，有哪些业务数据能帮部门做成交路径上的推演。

当完成目标推演之后，如果发现行动计划是一条长长的事件清单，这表明你还没有找到"牛鼻子"。必须通过推演找到实现目标的关键驱动因素，如果找不到，那么就要重新架构推演的逻辑和推演的模型。

目标推演的目的在于寻找实现财务目标的关键驱动因素和关键行动计划。在后续的跟进过程当中，紧盯这些关键行动计划。这些关键行动计划一旦完成，这就意味着目标就在前方五百米处。

跨部门沟通

输出关键行动计划需要从两个维度进行分析：第一，从实现目标的风险角度，分析有哪些核心风险是我们可以管理的，管理好这些风险，可以帮助我们更加安全地实现目标；第二，从目标推演的角度，分析哪些驱动因素是最核心的。整理好这两个维度内容的同时，我们还要去做跨部门的沟通。

前面我们提到的风险当中有两种风险：一是企业的外部风险，需要由董事会在战略层面去管理；二是企业内部的风险，包括部门内部的风险和部门外部的风险。其中，部门外部的风险需要制定跨部门的需求清单，有可能会涉及技术部门、供应链部门、人力资源部门、财务部门、战略部门。各个部门根据需求清单，结合现有的资源，去梳理是否有足够的条件和能力来满足对方的需求。没有这一需求清单，可能各个部门只能靠猜测，比如业务部门需要 HR 部门的支持，那么围绕业务部门的目标，HR 到底应该给业务部门什么支持，你如果不进行沟通，所有人都是一团雾水，即便 HR 部门有 300 人，如果他们不了解业务部门，那么这 300 人对业务部门来说也是毫无意义的。所以，这就是我们要进行跨部门沟通的必要性和意义所在。

其实，每一个部门都是一家小公司，其他部门对你的需求都是他们给你的订单，就看你怎么用最小的资源来最大程度地满足对方的需求。这也可以称为"收入最大化，费用最小化"。这也就是稻盛和夫阿米巴的来源。

经过以上三步，职能部门和业务部门的所有的行动计划都出来了，接下来我们需要去评估实现这些关键行动计划的关键资源配置，包括人力、财力、物力等。资源的配置要承接关键行动计划。另外，在进行关键资源配置的时候，那些非关键行为也需要投入一些资源，但是在进行管理的时候只需关注关键资源配置即可。

三个维度梳理

梳理出这些关键行动计划之后，我们还需要对此进行整理和重新分类。整理有多重维度，我们主要从业务层面、内部流程、学习与成长这三个维度进行梳理。循着这三个维度，分析哪些关键行动计划是可以用业务层面的 KPI 进行管理的，哪些是可以用内部流程进行管理的，哪些是和学习与成长层面相关的。

在业务维度，我们可以将业务数据设定为 KPI。比如说制造业，我们可以设定诸如赢单率、成交周期、成交率、交付周期、准时交付率、招聘周期、招聘成功率、培养周期、培养成功率、研发周期、研发成功率、战略客户数量、战略产品数量等之类的数据，这些是实现公司当期或者未来的关键驱动因素，是根据现状分析、目标推演、风险识别和评估之后各事业部、部门和集团的关键行动计划的总结、提炼、量化的输出成果。

在内部流程维度，我们可以用时间进行管控。比如，应该用多少时间来完成某一制度、流程或者管理办法。建议时间不要太久，因为我们主营经营、兼营管理，如果把太多的时间用在制度、流程和管理办法上，这意味着我们会失去做经营的时间，我们将没有更多的时间去维护客户、管理订单、学习与成长、处理产品等。所以我们一定要注意度的把握。

管理是一门技术，但同时管理也是一门艺术。假设我们有十个流程要去优化，一定要先去评估，在这十个流程当中哪些是五星级的，是影响当期财务、业务目标的关键风险，之后立即着手优化这一五星级重要流程。等完成之后，再进行新一轮评估，在剩余的九个流程当中，找出最重要的一个进行优化。如果某一制度优化起来非常复杂且困难重重，我们可以将时间延长，踏踏实实地完成之后再着手下一个，以此类推。

制度有两个层面：一是制定，二是执行。设计制度是制定层面，要符合当下的管理需求。制度从无到有，从会到不会需要一个熟悉的过程，在这个过程中要监督制度的落地，因此复杂的制度在一个月之内很难搞定的，我们可能需要策划三个月的时间去实行。

在学习与成长维度，对企业来说，关键人才始终事关企业发展的命脉。如果在学习与成长方面没有做好，那么前面所说的目标就失去了实现的基础。如何把关键人才的驱动因素做好，必须要从业务、内部流程、学习与成长这些维度进行沉淀，评估哪些业务计划是与关键人才相关的，当下人才的胜任力如何，如果不能胜任，我们应该怎么做。围绕着这三个维度，去落实关键行动计划，思考如何培养关键人才梯队才能促使目标的最终实现。

从整体上来看，我们实现财务目标的关键驱动因素以及它的关键指标，最终要落实到业务、内部流程、学习与成长的 KPI 上。把这些梳理清楚之后，那么在后续的管理过程中，我们每周每天只要关注 KPI 就好了。如果没有梳理清楚这些逻辑，看不到 KPI，我们就会面临一堆的指标，让人眼花缭乱，苦不堪言。

如果战略规划不痛苦，战略预算就痛苦；如果战略预算不痛苦，M+3 计划就痛苦；M+3 计划不痛苦，每个月就痛苦；每个月不痛苦，每一天就痛苦。所以这就取决于我们的选择了。反过来说，如果我们还不具备战略规划的能力，我们可以先训练自己战略预算的能力；如果我们不具备战略预算的能力，我们可以先训练自己 M+3 计划的能力；如果你连 M+3 计划的能力都不想训练，那么你只好每天都痛苦了。所以，避免痛苦的办法就是拥有架构未来和梳理过去经验并有能力去实现的一种能力。

那么，到底从哪一种能力开始梳理呢？可以按照先易后难的逻辑，先从 M+3 计划开始，把它作为一个起点，然后再逐步培养梳理年度预算的能力，之后是梳理三年战略目标的能力。最后我们就可以形成一个拥有这三种能力的团队。这也是我们的逻辑图希望达到的一个目的。

以我曾服务过的一家企业为例。该公司的销售经理，是跟老板一路打拼过来的元老。随着公司规模的一天天扩大，老板希望用科学的目标管理来提升组织能力，这下可苦了销售经理和一众小伙伴了。本来咨询顾问希望可以帮助老板整理一下公司未来三年的战略方向和业务战略规划，再落实到一年的战略预算。但是，奈何基础实在太差，老板最终决定从 M+3 计划开始做起。

M+3 计划的制定逻辑：先以未来三个月的财务目标作为起点，一般财务目标起码要有收入目标和边际贡献目标。接下来，要做两件事。

第一件事，评估风险

企业的风险管理需要先确认目标，比如说我们都有个长寿目标，有人想要活100岁，那么我们就不能抽烟、不能喝酒、不能吃红烧肉等等。但是，有人说我不要活那么久，太累，80岁就好。于是，我们就是少抽点烟、少喝点酒、少吃点红烧肉。这样看来，目标不同，对待抽烟喝酒红烧肉的态度就不同。

我们的资源是有限的，风险却是无限的。要用有限的资源来管理无限的风险，必须要先确认目标，识别实现目标的风险事件。风险事件是抽烟、喝酒、吃红烧肉等。然后，我们要知道，不同的人对于抽烟、喝酒、吃红烧肉的态度是不一样的。如果我们不抽烟、不喝酒，自然抽烟、喝酒对长寿这个目标来说就是低风险，我们就不必像防狼一样去管理抽烟、喝酒这些事情。但是，如果我们喜欢吃红烧肉，但是又会带来三高，影响长寿的目标，于是我们就要想出各种应对这个风险的方案来，也就是风险应对。比如说，我们可以避免风险。什么叫作避免？就是不吃呗！但是不吃红烧肉实在太煎熬，影响了生活质量，活到100岁也没有意思！既然不能不吃，好吧，我们要想办法降低风险。从源头抓起，规定不要天天吃，一个月吃一次，一次不能吃三块；或者喝杯普洱茶，去去油，分散分散风险。当然，有了这些措施之后，红烧肉带来的风险就可以接受了。但是，要注意风险并不是一成不变的。现在可以一个月吃一次的红烧肉，但万一有一天得了糖尿病，这样一个月一次也有危险，就需要再降低到一季度一次才可以。

企业的风险管理，需要分析未来三个月的财务目标，分析风险事件，包括客户的、产品的、渠道的、市场的、团队的风险，找出具体的风险清单。然后，评估风险的影响程度和发生的频率，影响程度可以定量评估，用 1~10 分来评估影响程度，发生频率也可以用 1~10 分来评估，最后的风险评估得分 = 影响程度得分 × 发生频率得分，根据风险评估得分的高低排序，找出关键风险，分别找出对应的解决方案，这样就从风险分析的角度找到关键事项清单 A。

另一件事，形成关键事项清单 B

从成交路径、成长路径的角度来推演实现目标的关键路径，结合成交路径、成长路径梳理相关的财务数据和业务数据、行为数据之间的逻辑关系，根据逻辑关系建模推演，整理关键事项清单 A 和 B。梳理这些关键事项清单，评估每件事项需要的资源清单、需要的职能部门的支持清单和需要与职能部门探讨是否有无法实现的资源或者能力清单。比如，结合招聘周期和培养周期来看，是否有些人是无法及时到岗的，团队的胜任力是否实现短期目标需求的；比如，供应商的能力、技术专利等等，是否有一些是 M+3 计划无法实现的事项。验证无误后，再整理出实现目标的关键事项清单，并结合年度目标的需求，看看是否有遗漏的部分。

接着，再给这些事项找出一个可量化的监督指标。这些监督指标有的是业务类的指标，有的可能是跟内部流程相关的时间进度的目标，还有的是跟团队胜任力提升相关的目标。这样结合起来，就形成了 BSC 平衡计分卡的四个维度的目标，并落实到人和目标完成时间。在经营的过程中，用这些目标进行过程管理，落实事项的完成进度。如此这般，目标、实现目标的关键事项及关键事项的资源需求清单就完成了。

但是对他们来说，做 M+3 计划太难了，无奈只能先做 M+1（未来一个月），一步步地往前推进。

到了验收的时节，我们一起来看看他们的任务清单。

A 组：年度目标 5000 万元，其中直营 3000 万元，分销 2000 万元；月销 50 万元的分销商数量从 1 个增加到 5 个；爆款 1 销量从 3 万件增加到 5 万件，爆款 2 销量从 2 万件增加到 3 万件；月目标 200 万元。

任务 1：阿里渠道 1 面谈价格及后续合作问题

任务 2：天猫国际采购价确定

任务 3：已合作分销全部沟通，对应产品主推方案

任务 4：返点模式建立并实施

B 组的目标收入不一样，且看看他们的任务清单：

任务 1：详情页点击率提升 50%，支付转化率提升 50%

任务 2：主图短视频，完整观看 40%，平均滞留时间占比 60%

任务 3：钻展，UV5000，点击率 5%，转化率 6%

任务 4：用户评价，评价包含图文短视频，好看、真实、质感

任务 5：不出现负面评价

未来最大的特点是不确定性，如何把不确定的未来的目标实现逻辑找到，本不是一件容易的事情，但好在他们已经开始梳理，相信通过一年时间的不断训练，便可将前瞻性和系统观训练出来。

召开经营分析会

对于很多公司来说，召开月度经营分析会是惯例。经营分析会是检视目标达成情况的关键控制点，更是帮助团队识别关键行动计划、落实行动的有效工具之一。

明确一个目的

经营分析会的目的在于：评审未来（如 M+3）关键行动计划的合理性和有效性，以期更有利地保障目标的达成与实现。

遗憾的是，大多数公司虽然月月召开经营分析会，但对于为什么要开经营分析会却是缺乏共识的。听上去匪夷所思，是不是？我们常见的情况是：高层拍脑袋、中层拍胸脯、出问题后中层拍大腿、解决不了拍屁股走人。经营分析会上，要么一团和气打哈哈，要么就是剑拔弩张，一股火药味。歌功颂德多，自检内省少；总结过去多，关注未来少。当月目标完成了，自然皆大欢喜；当月目标未完成，各有各的道理。

如此开会，开与不开区别不大。未来目标实现背后的关键驱动因素是什么？相应的关键行动计划是什么？目标实现有哪些风险？该如何应对？这些都不是大家关注的要点，那么未来的目标到底能不能实现，就只能靠撞大运、靠天收了！

如果一开始，没有对召开经营分析会的目的和意义达成共识，就很容易泛泛而谈，没有重点、无法聚焦。

坚持两个会议

第一，会前会

会前会旨在保障经营分析会议开得顺利、开出成效。会前会，主要是把传统经营分析会的部分工作前置，对原因分析、关键行动计划、关键资源配置达成初步共识，提供经营分析会上评审的依据。例如，在每个月的经营分析会开始前，各部门结合决策数据分析，找经营规律，建成功标准，划管理重点。针对实际与目标的差异、实际与同期的差异开展探讨，分析差异背后的原因，落实完善差异、达成目标的行动计划。团队内部先围绕问题，达成完善差异的初步共识；同样，需要其他部门支持的事项，也进行跨部门沟通，相互协作、彼此配合，通过部门内部、跨部门之间的沟通，达成原因和路径共识，进而为经营分析会输入提供支持。一个质量问题，未必就是质量部门的事情，可能是生产部门引起的，或者是采购环节对供应商的管理不善造成的，也可能是销售和客户沟通未到位，对客户的质量标准理解偏差所致。会前会，各部门如果能就此类问题充分沟通、达成共识，那么，问题其实已经解决了大半！经营分析会上不和谐的声音，多半是大家事先未互动造成的。

第二，经营分析会

众所周知，经营分析都是针对公司经营管理的现状展开的复盘工作会议；同时，也是公司管理层针对各部门对 M+3 的关键行动计划的合理性、有效性进行集中评审的会议。各部门针对 M+3 的关键行动计划制定的依据、逻辑、原因进行汇报，接受管理层的评审，并对高管的建议和意见进行反馈，共同输出 M+3 的关键行动计划完善建议。至此，部门内、跨部门和管理层对公司存在的问题、需采取的关键行动，以及所需的支持就能达成高度共识。

做到三个结合

第一，财务数据与业务数据结合

财务数据更多的是反应经营管理的结果，而业务数据则是体现经营管理的过程。

对于很多公司来说，财务数据是每月、每周，甚至每天都会看的。财务数据一般就是我们平常所指的收入、利润、费用等财务报表上的数据，这些是关系企业经营发展的基础，也是企业生存的命脉。

如果在经营分析中，只涉及财务数据，可能会给管理者造成困扰，这些数据为什么是这样？可能对于部分业务能力很强的管理者来说，他们是明白的、清楚的。但对于很多管理者来说，疑惑是始终存在的，毕竟管理者很难有精力和时间下沉到经营管理的第一线，绝大多数情况下还是不得不依靠过往经验、直觉来判断，难免会一个问题接着一个问题地想去挖掘出业务的实际情况。

如果我们在经营分析中把业务数据与财务数据做结合，通过业务数据来还原结果数据，即还原财务数据过程中的经营管理的业务过程情况，把业务经营管理现场的场景"复原"到管理层的面前，这样不仅可以提升会议的效率，更容易帮助管理者了解业务经营的实质，为其理性决策、数据决策提供支持和帮助。

第二，财务数据与行为数据结合

行为数据产生在经营管理的过程之中，一般是与员工行为相关的数据。例如，客户拜访的频次、每次拜访的时长、电话沟通的频次、电话沟通的时长等，事实上很多公司都存在这样的数据，却往往忽视了这部分数据的价值和意义。行为数据也产生在业务开展的过程中，财务数据与行为数据的结合，更多的也是通过行为数据的分析，发现员工行为与财务结果之间的逻辑关系，识别关键员工行为对目标的助力和支持，梳理员工行为与目标之间的达成路径。

第三，业务数据与行为数据结合

业务数据、行为数据同样是业务管理过程中的数据。业务数据是业务过程中员工行为的直接结果。围绕业务目标，员工应该采取什么样的行为会达成过程中的业务目标，是业务管理过程中需要考量的关键。同样，对业务过程中的业务数据的分析、行为数据的分析，不仅可以更好地帮助团队识别达成业务目标的关键控制节点、梳理成功路径；而且也可以帮助发现行为所带来的价值和意义，为团队带来成就感。

总之，财务数据、业务数据和行为数据打通了结果和过程，并穿透了目标背后的行为。正所谓，改变行为，方能改变结果。本质上，这些数据是一体的，应该相互结合才行。

就像"合唱团"，月度、年度的演出收入和利润，就是财务数据，如：500万元的年收入和300万元的亏损。团长光看这些数据，能知道如何扭亏为盈吗？肯定不行！如果有业务数据和行为数据做补充呢？比如，这500万元的收入是由10场演出带来的；演出目前集中在北、上、广、深一线城市；演出全部是接受邀约，以红色主题为主等。暂以这些数据为例，可能引发思考的问题有：可以通过增加演出场次来增加收入吗？演出地点可以跳出一线城市，扩张到新一线、二线省会城市吗？可以主动开拓商演、增加经典剧目，而不限红色主题吗？随着更多业务数据的建立和分析，以上几个问题的答案是肯定的！但是，面临的现实问题是，合唱团人员老化严重，需要补充有生力量。那么，从哪里招聘新人呢？招多少合适？招聘周期是多少？新人的培养周期又是多久？如何缩短招聘周期和培养周期？为什么有的人三个月就可以登台演出、有的人入团半年也难尽如人意？

若想获得这些问题的答案，又需要获得更多的业务数据和行为数据。这些数据的收集、整理、分析和应用必将为团长制定扭亏为盈的方案带来希望。

达成四个共识

第一，数据共识

数据共识是保障经营分析会顺利、有效开展的基础。对于管理会计来说，数据决策是解决问题的核心和关键。因此，在开展经营分析会前，团队需要针对数据的统一性达成共识。在日常经营管理过程中，或许有一些公司会说"我们公司没有数据"，或者"数据不完整"。正因为有这样的理解，所以在经营分析中，就很难或者很怕"用数据说话"，这样经营分析的效果也就很难实现。挖掘数据、积累数据、完善数据，也就成了我们做好经营分析的第一步。

当然，在很多公司也会出现"数据本身不真实""数据定义不清""数据口径不一致""数据分类不统一""数据分析思路无法匹配需求"等众多数据无法达成共识的情况，也就很难保障经营分析的价值和意义了。因此，从数据决策的角度出发，数据共识也就显得越发的重要了。

第二，目标共识

目标是企业经营管理的起点，是验证行为、结果的试金石；同时，也是帮助企业做好定位和纠偏的原点。在企业中，目标应该是整个团队共有的，这样才能促使整个团队心朝一处、力出一孔。

在经营分析中，各团队模块应围绕既定的目标，只有在达成目标共识的基础上，透彻地进行差异原因梳理、关键行动计划的制定及关键资源的优化配置，才能更好地落地。

第三，关键行动计划共识

关键行动计划是保证目标达成的核心。在关键行动计划制定过程中，团队内部应围绕团队现状分析、M+3计划的目标情况，针对差异原因、目标需求，共同讨论和输出 M+3 的关键行动计划。当然，除本部门的关键行动计划之外，有需要其他部门支持、相互配合的，也需要在经营分析会前进行沟通确认达成初步的共识。

第四，关键资源配置共识

围绕目标，结合关键行动计划，配置相应的关键资源，是目标可达成性、达成经济性的保障。对于企业来说，资源是有限的，应始终坚持如何利用有限的资源创造更大的价值、放大资源价值。杜绝部门之间的"本位主义"，避免资源争夺，造成资源浪费。部门内部、各个部门之间应对关键资源配置的情况进行沟通、讨论，并在经营分析会上接受管理层的评审。

数据就像乐谱，如果连乐谱都不一致，各成员又岂能同唱一首歌？目标，也未必总能一致！难道为了国庆汇报演出，所有人真的都能任劳任怨、不计报酬地加班集训？

行动计划，重在抓"牛鼻子"，其背后的核心却是共识。为获得大奖赛头名，到底该如何设计剧目、如何吃透比赛的游戏规则、如何出奇制胜等，这一切都需要团队集体的智慧。关键资源配置，比如一周到底该彩排几次、每次多长时间、领唱的人选等，都需达成共识，方能获得演出的成功。

抓住五个关键控制点

第一，做好数据分析

数据分析是管理层理性决策的基础，经营分析前要有数据分析作为支撑。数据分析应从公司的财务数据、业务数据、行为数据中进行分析。

第二，根据数据分析，进行数据解读

因为数据是真实、客观存在的，利用数据分析，识别差异点，准确地定位问题所在、并确认关键的差异，为进一步寻找原因做好铺垫。

第三，差异原因分析

数据分析识别出关键差异后，复盘经营过程的实际场景，寻找差异产生的原因，建议从内部、外部等多个维度进行分析和寻找造成差异的原因；同时，原因应尽可能具体、清晰。

第四，根据具体差异原因，确认相关责任部门、责任人

在确认好原因后，就需要评估、确认造成原因的责任部门和责任人，并与责任部门、责任人共同确认改善的建议和行动。并识别出哪些事项在目标达成过程中是有效的，哪些是无效的。哪些是需要在 M+3 计划中继续做的，

哪些是需要改善的，又有哪些是需要立即停止的。

第五，制定行动计划并分类，输出关键行动计划

在上阶段原因分析后，部门内部及跨部门之间，针对差异原因制定完善行动计划，并对其进行重分类，形成 M+3 关键行动计划。

谨记六个避免

第一，避免使用形容词

在众多公司的经营分析会上，相信大家一定也听过以下的说法，例如，现状分析中比较经常听到"本月业绩提升很快""销售收入大幅下降""环比下降明显"等；原因分析中比较常见的"人员不稳定""产能影响程度很小""故障频次较高""未及时进行处理""耽误时间长"；在行动计划中常用"很大的提升空间""加强操作规范的宣贯""进一步提升研发投入"等。毋庸置疑，这些情况，在企业中是真实存在的。反思一下，这样的用词、分析，是否能够有力地帮助我们定位和纠偏呢？日本经营之父稻盛和夫先生在六项精进中提到"努力向上提升，哪怕只是一寸""要每天反省"中用"一寸"和"每天"体现了量化重要性，因为量化的指标更容易帮助我们进行定位和纠偏，更容易帮助我们跟进和评估，更容易识别出重要与否。

第二，避免念 PPT

有一些公司的经营分析会上，有的会洋洋洒洒地做几十张 PPT，经营分析会一开始，演讲者开始兴致勃勃地"分享"PPT。台下的参会者鲜有提出问题或者疑惑，当然也有总经理或者高管会偶尔抛出几个问题。然而，大部分

的参会者只是听会，却没有很好地享受自身参与建言的权利。如此一来，一天甚至两天下来，经营分析会的"评审"价值、意义也就很难实现了，这样的经营分析会也就不免是没有输出成果的。

第三，避免有分析无结论

还有一个需要关注的是一些公司的经营分析会中也会做数据分析的报表，但是报表多于结论，或者是报表没有结论。通过数据报表的分析，我们的结论有哪些？识别出的问题是什么？又有哪些具体的原因？对这些问题和原因，我们又将采取什么样的行动呢？建议在我们的分析之后，输出相应的结论，便于管理团队对结论进行评审，并提供改善的建议和内容。

第四，避免开会无输出

经营分析会的目的是为后续 M+3 的关键行动计划做评审，以保障目标达成。经营分析会是 M+3 计划目标达成、实现的一个关键控制点，或者说是 M+3 关键行动计划的起点。因此，经营分析会的输出，一方面是对当天内容的总结，也是对下一阶段工作任务的指示。

第五，避免原因分析只是他人或者外部的

在一些经营分析报告的差异原因分析中，会看到诸如"竞争环境激烈""市场上原材料成本上涨""市面人工成本上涨""政策影响""客户要求更改订单"等；在企业内部原因上也会有"口径不一致""财务没有提前提供数据分析""人事没有招到合适的人员"等的情况。

不可否认，以上原因在企业发展的某些阶段、场景是客观存在的。但反思这些原因，有哪些原因是自身可控的？哪些是通过自身的努力可以实现和达成的呢？只有更多地从自身出发，寻找自己能够改变的、可控的原因切入，才能更好地应对和解决这些原因和问题。

第六，避免行动计划非"关键"

经营分析会上经过评审的行动计划，应是实现 M+3 目标的关键行动计划，切忌各种日常工作的堆砌。例如，哪些是达成目标的关键性行动计划；哪些是日常常规类的工作内容；需进行明确区分。建议 M+3 关键行动计划原则上不超过五项，每一项都应有明确的完成时间、责任人，识别"关键"的目的也是帮助团队更好的聚焦。

确保七个输出

第一，关键行动计划的完善建议

经营分析的目的是评审 M+3 关键行动计划的合理性、有效性，以保障目标的顺利达成。通过评审，需要针对各个模块的报告，输出评审的意见、关键计划需要改善的内容；进而帮助各个模块优化 M+3 关键行动计划，为下阶段的工作内容提供支持和帮助。

第二，部门内外部沟通专题会

在经营分析的过程中，各个部门可能会存在一些共性的问题。此类共性的问题，就需要开展相应的专题会（包含完成时间、责任人）来落实，通过部门内部或者外部的沟通，输出相应的内部流程，即管理办法、制度流程等，以便批量地解决问题。还有一种是针对某项目、某偶然时间的集中性沟通专题会，主要是以解决问题为主要目的的会议。总而言之，召开专题会是为了团队讨论充分、沟通彻底，有针对性的达成目标或任务。

第三，会议决议

会议决议主要是在经营分析探讨过程中，在会上所确认的一些规则、要求、口径、时间等方面的决议，目的是明确规则，去除歧义，统一共识。

第四，跟进关键行动计划改善进度

有输入就要有输出，经营分析会中高管针对 M+3 关键行动计划提出的改善建议和需要完善的内容，需要进一步优化、落实，跟进、评估、反馈其改善进度，以保障 M+3 关键行动计划制定。

第五，确认最终关键行动计划

各模块结合高管的建议和意见，对 M+3 关键行动计划进行完善，完善后还需要经管理层最终确认，并签署发布、执行。

第六，反馈关键行动计划执行情况

在 M+3 关键行动计划确认后，就需要严格按照关键行动计划所要求的完成时间、关键节点，监督责任人的关键行动计划执行情况，并依据完成时间反馈给相应责任人，并在下月度的经营分析会上进行回顾和反思。

第七，下次经营分析会前复盘关键行动计划最佳实践、最佳教训

在下月度的经营分析会中，需要对上月度的关键行动计划执行情况进行复盘，以识别哪些关键行动计划是有效的，哪些是无效的。做得好的地方，需要进一步提炼总结，沉淀成为最佳实践，以协助团队更好地复制和借鉴；

做得不好的地方,同样需要将过往已经"买单"的教训进行整理,寻找应对改善方案,避免同类事件的发生。

经营分析会是检视目标达成情况的关键控制点,更是帮助团队识别关键行动计划、落实行动的有效工具之一。

数字化目标管理实践案例分享

2014年，我刚刚开始接触这家公司的时候，总裁问我："方老师，你是管理会计专家，我刚刚听了您教授的战略管理会计的课程，知道管理会计很好，但是我想看看分产品的利润表、分区域的利润表、分渠道的利润表，可以吗？"我回答说："当然没问题。"

但总裁却一脸郁闷："那为什么我的财务告诉我说不可能做得到？"当时我无言以对，但是心里已经预估到问题可能出在了哪儿，于是我跟他说："那我去你公司看看吧。"

到了他们公司之后，我参加了他们的战略研讨会。我发现，他们公司有很多系统，然而各个系统各行其是，财务有用友、预算有BPM系统、销售有订单系统等。这就造成不同系统之间的数据是割裂的，团队拿着支离破碎的数据进行分析，无论是外部数据还是内部数据，都不可能分析到位。

他们根据不同战略属性把产品分成了四类：跑量产品、明星产品、差异化产品和问题产品。他们公司共有十个销售部门，有趣的是，这十个销售部门对这四个类型的产品的定义也各不相同。他们虽然对数据做了分析，但是完全没有思路。

必须先解决这一团数据乱麻。我让他们每个人按照他们的想法，把他们以为的跑量产品、明星产品、差异化产品和问题产品的标签分别贴到每一个规格的型号上,然后我们整合了他们内部的各种系统,打造了一个大致有七八成准确率的数据库。之后我们开始做气泡图:横轴是销售额,纵轴是毛利率,气泡大小代表毛利额。

结果出来后,如图2-6所示,他们瞪大眼睛看着我说:"方老师,为什么结果和我们感觉的不一样?"了解了一圈下来,大家心中的感觉都不一样:有的人以为是跑量产品的量没有上去,有的人认为是差异化产品的毛利率很低,反正了解了一圈下来,大家心中的感觉和实际的数据结果都不一样。经过我们团队帮他们做梳理,可得他们出现了资源没有花到期望的目标上去的情况。

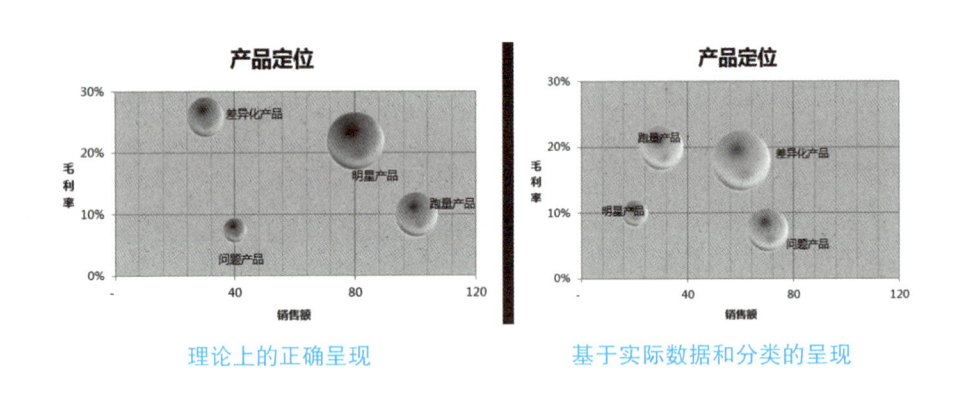

理论上的正确呈现　　　　基于实际数据和分类的呈现

图2-6　产品定位理论与实际气泡图对比

气泡图不只包括产品的气泡图,还有客户的气泡图和渠道的气泡图等。2014年,我们的团队每个月都会画气泡图,一年共画了2000多张。我们通过这些气泡图对他们公司的战略目标进行数字化定位,帮助团队就目标达成共识,为企业寻找实现目标的路径,精准配置资源,最终帮助他们实现了颠覆性的成果:第一年虽然他们的收入下降了8%,但是管理利润增加了119%。

第 2 章
数字化目标管理

经过数十年的管理会计实践，我发现，管理会计的核心是数据和逻辑。提到数据，大多数人都会想到财务数据。但是数据不仅仅包括财务数据，财务数据往往滞后，今天实现的收款可能是三个月甚至是六个月之前的反复拜访才带来的成果。如果只看财务数据，往往找不到经营的真相，所以管理需要尽可能前置，结合业务数据和行为数据才行。此外，还需要建立财务数据、业务数据和行为数据的内在逻辑，这样才可以帮助我们管理规模越来越大的企业。比如，当我们提到产品质量达到的两个PPM（百万分之一）这件事的时候，我们是自豪的，但是当谈到月损失100多万元的时候，大家才开始感受到它的重要性，才会开始行动。否则，即便管理层天天去现场盯着，关注具体的细节，还是很难找到管理的重心，甚至因纠结于具体的事务而错失事业版图扩张的机会。

当数据越来越多时，要想有效并且高效应用的话，必须先对数据进行分类。

分类是管理的灵魂，我们可以对照战略目标管理的三大步，将数据分为三个层级：战略层级、战术层级和经营层级。内部的每个价值链都有三个层级的分类。

比如，上面的案例中，在进行战略规划的时候，首先要对产品、客户、区域、渠道等进行分类。通过这样的分类，使业务管理的重点可视化，并评估公司的整体战略是否得到切实地执行。这些完全是以数字的形式展现在我们的面前，通过气泡图，产品、客户、区域、渠道等具体的情况一目了然。然后分析气泡图所反映出来的情况，一旦发现有违战略方向的情况，便可精准处理，及时纠偏，最终才能确保战略落地。

这些分类也是我们数字化目标管理的特色，我会给大家一些建议，引导大家进行分类，而且会将这些分类与决策数据结合起来应用，直至目标最终实现。

实现这样的成绩靠的是他们优秀的团队，他们是璀璨的珍珠，而我们只是那个串线的人。我们用多年的实践整理成了实用的方法论，但是效果如何，还是看使用人的理解。

希望这些方法论能为你们实现目标添砖加瓦，这才是我写这本书的意义所在。

chapter 3 | 第 3 章 |

正确认识成本管理

在当前的市场竞争环境下，很多产业趋于完全竞争状态，这就导致企业的价格处于被动形势，要想在这种市场经济状态下取得高额利润，企业的成本管理成为重中之重。

成本管理是指企业生产经营过程中各项成本核算、成本分析、成本决策和成本控制等一系列科学管理行为的总称，目的是把成本控制到最低，并且能够最大化实现利润和低成本运营。成本管理主要由成本规划、成本计算、成本控制和业绩评价四项内容组成。

数字化时代为数字化管理创造了条件。然而，当前我国企业的数字化成本管理还存在一些问题。

先有成本还是先有利润

先有成本还是先有利润？问这个问题，大家可能会觉得奇怪，收入－成本＝利润，当然是先有成本。然而事实上，成本可以是无止境的，需求也可以是无上限的，所以一定是在可实现目标利润的前提下，去寻找可允许的成本。

以我曾辅导过的一家企业为例。该公司的销售经理问，他们的竞争对手有一款产品，每年利润高达几千万元，竞争对手的价格是16.5元／米，而他们的成本就要19.1元／米，在这种情况下如何打败竞争对手？

了解这个情况之后，我去找他们公司的生产总监。生产总监告诉我说："销售简直是胡扯，怎么可能我19.1元／米的成本竞争对手只卖16.5元／米？"

同样一件事情，两人的说法却不相同。

我们来分析一下，这件事有两种可能：一种情况，它们根本就不是一样的产品；另一种情况，可能真的是成本太高了。无论是哪一种情况，都可以看出他们公司在管理上还有很大的空间。

我让销售把他们公司的产品和竞争对手的样品都拿过来，让研发部把两个产品放在显微镜下，先观察到底是不是同样的产品。经过对比，我们发现成本是 19.1 元／米的产品表面涂层是售价为 16.5 元／米的 10 倍以上！于是我请核价人员按照 16.5 元／米的质量要求（注意：质量要求不能牺牲）来核算生产成本，结果是 14.5 元／米。看到这个数字，销售非常开心。他说："只要按照 14.5 元／米生产出来，我就可以卖 17.5 元／米！"

在这个特殊的时代，当我们在抱怨外部竞争激烈、订单不足的时候，其实却把到手的订单拱手让人，这又是多么惨痛的教训！

无独有偶，我辅导过的深圳的一家公司，在与竞争对手竞标时在报价的环节就铩羽而归，原因是该公司董事长认为自己的成本太高，更奇怪的是自己的材料成本比竞争对手的价格还要高。董事长觉得这件事情很离谱，于是开始调查这事件背后的问题。经过一番调查，才得知由于报价时拿不到样品，生产、采购、研发、技术、财务等部门都想风险低一点，压力小一些，并且他们认为其他部门也不知道样品的情况，于是就在价格上多报一点。比如采购正常 1 元钱，但是不知道 1 元钱够不够，于是就加一点，报价 1.1 元。他们认为自己加价少，产生不了多大的影响。而生产部这边本来可以用 2 元钱就搞定，他们认为再加 2 角钱，不会影响大局。就是这样，在每个环节每个部门都认为自己加一点影响不了最终结果，但是积少成多，最终他们的材料成本比竞争对手的报价还高，就这样遗失了订单。

其实这是目标成本的逻辑，当年丰田就是用目标成本法独步武林、雄霸天下的。其目标成本的核心逻辑是：

1. 目标成本法开启在新产品的设计阶段，贯穿了产品生命周期的整个过程；

2. 根据目标市场客户的需求来定义目标价格；

3. 目标成本 = 目标价格 – 目标利润；

4. 全员参与降本，确保目标成本的实现。

有兴趣的朋友可以研究研究丰田的目标成本法，相关的案例和书籍都可以查到，我在此不再赘述。

成本的分类

在企业里，除了会计核算常见的销售费用、制造费用、管理费用和生产成本等成本费用之外，还有与管理相关的直接成本、间接成本、变动成本和固定成本。

直接成本与间接成本

按照成本与产品生产工艺的关系，成本可分为直接成本和间接成本。

以我们熟悉的美的为例。美的生产空调、洗衣机和扫地机。如果我们想要知道空调、洗衣机和扫地机的利润分别是多少，那么就要看看生产这些产品所用的主要材料的成本。比如，生产空调用的主要材料就是空调的直接成本。同样的，洗衣机和扫地机也如此。如果生产团队不只是生产空调也生产洗衣机和扫地机，那么生产团队所需要的成本就是间接成本。直接成本和间接成本的区分有一个关键词——"摊销"。要摊销的就是间接成本，不用摊销的则是直接成本。

要注意的是，利润中心发生变化之后，直接成本和间接成本也会发生变化。假设A工厂既生产空调，又生产洗衣机，也生产扫地机。B工厂生产机器人。如果我们的利润中心不再是产品，而是工厂，那么A工厂的直接成本就不只是空调、洗衣机和扫地机的所有材料成本，还包括他们的工人成本、制造车间的费用成本等。这时，生产团队的成本就变成了直接成本。也就是说，利润中心发生了变化，直接成本和间接成本也随之发生了转变。

什么是利润中心？举几个例子：如果我们要分析产品的盈利能力，那么产品就是利润中心；如果我们要分析事业部的盈利能力，那么事业部就是利润中心；如果我们要分析销售区域的盈利能力，那么销售区域就是利润中心。利润中心常常与企业的组织架构相关，也会被应用于组织的绩效考核机制的设计中。

根据收入减去直接的料工费计算出来的所得税也是直接成本，然后用收入减去直接成本，所得到的就是直接利润。用直接利润再扣除所有间接成本得到的便是净利润。很多公司会用净利润来考核利润中心的负责人。然而这种考核方式会使很多人找不到努力的方向，在实践中，建议用直接利润来考核利润中心负责人。直接利润的收入的计算方法也非常有趣，而且设计好，中后台部门也可以成为利润中心。

变动成本与固定成本

按照成本的性态，成本可分为变动成本和固定成本。

仍然以美的公司的产品为例。生产空调的原材料是空调的变动成本，因为生产一台空调就需要一台空调的原材料，生产十台空调就需要十台空调的原材料。原材料成本与空调的数量是线性相关的。那么，与空调数量不是线性相关的则是固定成本。

变动成本的控制方法和固定成本的控制方法是不一样的。变动成本通常是先有收入再有费用，所以考虑的是费率这边是否有机会可以降；固定成本的降低则需要思考的是费用背后是事情要不要做，事情是否有更加经济的方法来做，脱离开费用背后的做事逻辑来谈控制费用都是耍流氓。

曾经有公司简单粗暴地规定：如果费用减少，则跟费用部门的负责人分享降本成果。结果真的"双赢"了，公司的费用少了，负责人收益高了，只是很多该做的事情也就没做了，如果公司规模足够大，那些可做可不做的事情不做也就罢了，如果说必须做的，尤其是对企业长期发展最重要的事情不做的话，后果可想而知。所以，降本有道，要警惕"有毒的降本"。

经过分析我们可以发现，除了变动成本和固定成本之外，还存在有半固定成本，比如空调的辅助材料，很多时候就是半固定成本。在实际应用中，我们可以根据重要性原则来做取舍和区分。

为什么要分变动成本和固定成本呢？

假设某公司去年有1000台扫地机，总成本10万元，单位成本100元，如果销售价格是90元，那么把产品全都销售出去，公司就会亏损1万元。假设今年在一切条件都不变的情况下，有人打算用同样的售价订购1万台，那么该公司应该出售吗？销售人员可能会认为，1000台亏损1万元，那么1万台就会亏损10万元，销售越多，亏损越多，不如不卖。

然而事实却可能是完全不同的结果。在单位成本100元中，材料费是50元，固定成本＝总成本－变动＝10万元－5万元＝5万元，1万台的固定成本在原则上不会大变，假设还是5万元，那么变动成本总额是50元×1万台＝50万元。这样算下来总成本就是55万元，总收入为90万元，利润是35万元，而不是亏损10万元。销售人员为什么会出错，是因为他不知道成本中有一些成本是固定的，把固定成本的5万元也乘了10变成了50万元，这就意味着他把固定成本多算了50万元－5万元＝45万元。所以，他所理解的亏损10万元与实际赚的35万元之间存在着差异。

不懂成本的属性就有可能丢失本该到手的订单。我们在决策的时候如果没有分清变动成本和固定成本，就会使得企业错失了很多的良机。

成本管理的六大误区

公司经营的数据随着规模的扩大越来越复杂,不同部门的立场不同,专业度不同,理解不同,就产生了以下六大误区。

误区一:成本管理只追求最小化

传统的成本控制很多都是事后控制,其实更多的是在审核是否合规,并不能真正履行成本管理的职责。成本管理,重在事前管控,事后合规性检查则应该能简则简。

成本管理不能只追求低成本,而应当以高利润作为追求目标。

很多人把控制成本作为成本管理的全部,有时候节流把"源"也节没了。

我们有个客户有一个部门叫作电商部门,他们公司用费率来考核这个部门,考核标准为30%的费用率。这个部门若干年过去了,业绩始终无法突破。经过分析发现,他们每个月的费用只能控制在10万元左右,他们算了他们的账,如果超过10万元,他们的费率就无法完成。事实上,他们多年来,费率从来没有达标过,因为费用是控制在10万元了,但是这10万元里面大多数是他们的固定费用，可以用的变动费用就很少，费用很少，带来的销量也有限，这样恶性循环，处于崩溃的边缘。

我们接手之后，帮助他们把费用一个项目一个项目理出来，然后把这些费用按照固定成本和变动成本区分开，固定成本一个个的拷问是否要这样来花，有没有更加经济的花法，变动部分计算费率，用费率来管理、考核。结果他们的销售上去了，也突破了费用不够的魔咒。

另外一个项目也非常有趣，他们衡量营销费用的投入产出比只看变动营销费用，不看固定营销费用（如表3-1所示）。

表3-1 营销费用的投入产出比

项目	单位	A方案	B方案
收入	万元	600	800
变动营销费用	万元	150	250
固定营销费用	万元	200	200
总营销费用	万元	350	450
ROI-收入/变动营销费用	倍	4	3.2
ROI-总营销费用	倍	1.71	1.78

企业为控制成本，降低了变动费用的投入，认为变动费用的增加，ROI产出降低，事实上，即便投入产出比降低，但是从总体的角度来看，投入产出比是增加的，是应该加大投入的。

误区二：控制成本忽略背后的经营活动

很多部门在控制成本的过程中忽略了成本背后的事情。

成本核算的工作是财务部门来完成，业务部门负责各项业务活动。财务部门对业务部门的活动并不十分清楚，业务部门也不知道财务核算的要求，比如说，业务部门需要处理一个货物搬运事宜，于是找了搬运工来处理，但是搬运工没有发票，业务部门就没有办法报销，于是业务部门就找了一张高铁票来报销，在业务这里是搬运费，但是因为是高铁票，到了财务那边就成了差旅费了。

凡此种种，数据都乱了，很多业务活动和财务核算是脱节的，所以很多时候，业务看不懂财务报表。我们常常在财务报表上面看到的会计科目是办公费、差旅费等等，看不到产品生命周期成本、客户开发成本、客户维护成本、质量成本等管理口径的成本，这些成本归集的目的是管理的需要，但是实际会计核算并不能直接找到，但是这些才是经营活动直接关联的成本。

评估成本费用该不该花，其实要从成本费用背后的事情要不要做谈起。企业对团队授权也是，授权的是事情，要管理这些事情，需要花多少钱，这是一个逻辑的问题。在进行评估的时候，问自己几个问题：这事情必须做吗？是否有更加经济的方法可以达到同样的效果？这些事情哪些是增值的，哪些是不增值的？增值的事情如何提升增值效果？不增值的事情是否不得不做？不得不做的不增值活动是否可以提升效率？这也是作业成本法的思想。

ABC成本法又称作业成本分析法、作业成本计算法、作业成本核算法。

作业成本法的指导思想是：成本对象消耗作业，作业消耗资源。作业成本法把直接成本和间接成本（包括期间费用）作为产品（服务）消耗的作业成本同等地对待，拓宽了成本的计算范围，使计算出来的产品（服务）成本更准确真实。

作业是成本计算的核心和基本对象，产品成本或服务成本是全部作业的成本总和，是实际耗用企业资源成本的终结。

作业成本法在精确成本信息，改善经营过程，为资源决策、产品定价及组合决策提供完善的信息等方面，都受到了广泛的赞誉。自20世纪90年代以来，世界上许多先进的公司已经实施作业成本法以改善原有的会计系统，增强企业的竞争力。

作业成本法的逻辑是产品是通过作业消耗资源的，所以成本按照作业来归集，产品消耗的作业量同步统计，这样每个产品消耗多少成本不是简单的地根据机器工时或者人工工时平均分摊，而是根据实际需要的作业量来分配，不同的作业其作业量消耗的成本不同，避免了以往大多数间接成本没有合理的摊销方法使得成本失真，决策失误。这样的产品成本计算会更加准确，更加可靠。通过作业的分析，可以了解哪些是增值作业，哪些是不增值作业，从而优化作业的效果，提升产出。

以我曾服务过的一家企业为例。该公司在成本管理上遇到了问题，我告诉他们要做到90%的准确度！但是他们的财务总监仍然对此一筹莫展。

"我们U9系统里面的成本是不准确的，都是平均出来的。经过那么多次平均之后，数据早已经偏离实际了，做出来的利润表老板不满意，我真的没有办法！"

产品利润表应该长什么样？收入、成本、费用、利润。对，收入是最简单的，每一个订单对应的产品数据很容易拿到。最头痛的是成本和费用，成本被系统搅得面目全非，基本上分不清每个产品的具体成本数据；销售费用和管理费用的计算也非常棘手！哪些费用是这个产品的，哪些费用是那个产品的，怎么可能分得清？

财务总监决定先搞定生产成本的部分。于是他给团队布置了一个任务：先把成本里面每个具体项目列出来，总体数据以及数据占比也理出来。这样，讨论的时候也不至于离题太远、没有头绪。

他们上次已经讨论过关于系统成本数据的问题，意识到多次平均后的数据完全偏离了真相。这次开会的目的是希望大家群策群力，找到可以做出分产品利润表的方案。

成本里面主要是料工费：料里面有直接材料、辅助材料；工里面有很多，六大车间的一线工人的工资、福利和社保这些都叫直接人工；然后就是那些质检部门、班长、车间主任、计划部门这些人的工资、福利和社保，这些放在制造费用里面了。制造费用除了这些间接人工和管理人工之外，还有一些大的项目，比如说大修费用、水电费、机物料消耗、低值易耗品、折旧、摊销等，这几项加起来基本上就是80%的制造费用了。

先看材料部分。直接材料怎样可以做到分产品呢？直接材料成本其实可以分成两个部分：直接材料消耗量和直接材料价格，两者相乘即得直接材料成本。他们之前是按照工序来结算成本，所以每经过一道工序就被平均一次，这样成本就乱了。

那么，是否可以用理论数据呢？公司的BOM表上面不是有现成的材料消耗量数据吗？

但是这个数据跟实际成本差异很大。只有90%的准确度才是可以接受的。

生产经理说，最大的差异在8%左右，每个月这个数据会不一样，差异低的时候大概只有3%。那么，这样一来，材料的部分就相对简单了，可以根据技术部的产品 BOM 来计算每个产品的材料消耗；价格则可以用当月最新的价格，并结合当月材料消耗差异最大的再做单项调整。这样，可以让成本进一步接近真实，材料成本就相对比较简单了。

接下来的难题就是工费。直接人工也相对简单，可以比照材料的做法。每个产品都有标准工时的，可以根据标准工时结合工时差异来计算每个产品的人工成本。不过，直接人工还有一部分是计件的，计件的直接根据公司的政策来计算就可以了。

再看看间接人工和制造费用，这些最麻烦，要怎么分配到每个产品中去呢？

是否可以用 AAA 分摊法，或者 ABC 作业成本法？但是 AAA 分摊意义不是很大，交互分配的逻辑，用在能源类间接费用的比较多，其他的费用用 AAA 分摊法的貌似并没有多少成功案例。但是 ABC 作业成本法比较复杂，短期可能很难实现！

如何把这些制造费用摊销到产品里面去呢？产品利润表不是应该要把这些费用都完整地计算进去吗？

管理会计里面除了毛利、税前利润、净利润之外，还有一种利润叫作边际贡献。边际贡献＝收入－直接变动成本。这样，分产品的边际贡献就可以计算出来了。

企业内部价值链分为营销、运营、研发、人力资源、财务等，我们的运营团队、销售团队、管理团队需要投入多少资源来支撑业务的运作：制造费用是在运营端的投资、销售费用是在营销端的投资、管理团队是在研发部门和其他管理团队的投资。这些都分别对应了财务报表里面的三项费用，即制造费用、销售费用和管理费用。

那么，问题就在于制造费用，这些制造费用的投资并不是因为哪一个产品而发生，除非用 ABC 作业成本法才相对准确。但是以该公司目前决策数据的现状来看，根本无法找到 ABC 作业成本法里面需要的业务数据和行为数据。而建立这些数据需要很专业的项目管理，需要很长的时间才可以完成。

要做好 ABC，需要大家对 ABC 有很专业的认识。这是理念上的障碍，也就是美国人说的"脑障"。所以可以换个简单的思路：不同产品的边际贡献和边际贡献率计算出来之后，每个产品的盈利能力大致就计算清楚了。而制造费用在一定程度上叫作决策无关成本，很多是沉没成本。也就是说，生产这些产品需要这些成本，不生产这些产品也需要这些成本，所以重要的不是怎么分摊这些成本，而是让老板知道制造费用的实质，并同时给到老板分产品的边际贡献的分析。这两件事情是核心！需要先明白老板为什么要做分产品的利润表；然后，再从这个角度跟老板探讨，就比较容易同频了。

所以接下来，他们要去做两件事情：第一，让伙伴们按照既定思路计算出分产品的边际贡献；第二步，要跟老板讲清楚制造费用的逻辑。

总之，记住一句话：决策数据不只是财务数据，还需要有业务数据和行为数据！不要坐在自己办公室讨论决策，走出办公室，与业务一起来，会有很多惊喜。

误区三：忽视利润表外的决策成本

资产负债表上的成本以及机会成本、沉没成本、重置成本、变现成本、质量成本、产品生命周期成本、客户开发成本、客户管理成本等都是企业做决策时需要考虑的成本。在传统成本报表上，如果不考虑这些因素，所做出的决策就有失妥当。

机会成本：举个例子，比如你用200元买了一张演唱会的票，假设看一场演唱会需要3个小时，如果你不去看演唱会，这3个小时你可以用来休息，这对健康是一种投资，但是这种投资无法用钱来衡量。你还可以用这3个小时讲课，假设你通过讲课收入10000元，那么你这3个小时的机会成本就是10000元。机会成本就是在你做这件事的时候必须放弃另外一件事，那么另外一件事的收益就是你做这件事的成本。

沉没成本：举个例子，比如你用200元买了一张演唱会的票，无论你去还是不去看演唱会，这200元都已经没了，这就是沉没成本，跟你去不去没有关系。

重置成本：重置成本又称现行成本，是在当前市场条件下，重新取得同样一项资产的成本。

质量成本：这个概念是由美国质量专家A.V.菲根堡姆在20世纪50年代提出来的。是指为了确保产品（或服务）满足规定要求的成本以及没有满足规定要求引起损失，分为预防成本和鉴定成本。

产品全生命周期成本：产品生命周期是指产品从准备进入市场开始到被淘汰退出市场为止的全部运动过程，是产品在市场运动中的经济寿命，在市场流通过程中，由于消费者的需求变化以及影响市场的其他因素所造成的产品由盛转衰的周期。一般分进入期、成长期、成熟期、衰退期四个阶段。整个产品生命周期花费的所有的成本叫作产品生命周期成本，这样就可以看到完整的产品利润表，为企业产品战略提供更加可靠的决策依据。

客户开发成本：企业开发一个新客户从线索到成交整个过程中需要的全部的料工费成本。

客户管理成本：企业日常管理老客户需要投入的全部的料工费成本。

误区四：忽视资产负债表中的成本

管理者经常会忽视资产负债表中的成本，包括存货里面看不见的成本、应收账款的成本、固定资产和无形资产的成本。

1. 看不见的存货成本

存货包括为生产制造准备的原辅材料、在制品、半成品和产成品，还包括一些低值易耗品，比如设备维修工具、装卸工具等。存货大部分是原辅材料和产成品。

如何占用尽可能少的资金来实现收入，满足客户的交付需求？

以一个故事为例。有一家跨国公司，新上任了一位年轻的总经理。总经理很有激情，也非常想做一番事业。他到公司之后，经过调研发现，在全球，很多工厂的产能利用率都很低。产能利用率低是制造业的最大杀手。他想提升产能利用率，借此开辟出一番新天地。他要求各个制造工厂跑足产能，于是产品被源源不断地生产出来，财务报表上也非常好看。因为开足了产能之后，单位固定成本就会下降，尤其是产能利用率会提升越多。如此一来，在同样收入的前提下,利润表上的毛利率大幅度上升。很多职业经理人都有利润率这个考核指标,因此当年该公司的整个管理层都是风光无限,每个人都赚得盆满钵满。但是好景不长,因为他们的销售额并没有得到很好的提升,于是货物堆满了该公司的仓库甚至保安门前都堆满了产品。最后总经理不堪重负,只得引咎辞职。

这个案例里面的存货不是堆到自己仓库,如果是堆到经销商的仓库、渠道商的仓库,那么就会出现资产负债表中的应收账款大幅度提升。

如果大家看到某些上市公司的资产负债表中的存货和应收账款异常增加的话,就要警惕了,有可能存在"有毒的利润"。

这件事问题背后的根源就是忽略了存货里面看不见的成本。很多管理层只关注利润表,忽视资产负债表,这就很容易导致与这家跨国公司类似的风险。当然,这家跨国公司是比较极端的例子,很多公司是温水煮青蛙,存货一点点地增加,管理层不容易发现,一旦发现,各部门的坏习惯已经形成,再来纠正就困难重重。

存货里面都有哪些成本呢?举个例子。

某商店搞促销活动,于是你趁着价格便宜购买了20袋大米,这些大米的成本中包括资金占用。虽然看起来是因为促销活动而购买的,算起来非常划算。但是你却可能忽略了这背后的风险。首先,这20袋大米要搬回家需要运费;其次,这20袋大米要放到仓库中存放就需要仓储成本;囤放一段时间之后,大米降价了,这就是减值成本;又过了两个月,遇到黄梅天,米可能会生虫,大米进一步减值,这也是减值成本;以前的周末,你可以约三五好友一起谈谈梦想，聊聊诗与远方，然而现在的周末却不得不用来晾晒大米；再过三个月之后，超市里有一款新的绿色有机环保健康免淘大米，然而家里还有17袋大米，于是只能放弃购买新大米，这是机会成本；最糟糕的是，当你因为买大米而形成囤货的购买习惯后，那么在买奶粉、衣服等生活用品时也是堆积似的买，结果你家里属于自己的空间越来越小，你可能会想去换一套更大的房子，于是你可能就成了"房奴"。而这一切都源于20袋大米。

在这20袋大米的成本里，除了采购成本在我们的资产负债表上面昙花一现之外，其他的成本，如减值成本、机会成本等都是在报表中没有办法直接体现，但是在现实的经营过程中却真实地存在。所以，降低存货是非常重要的事情。

凡事都有两面性，存货有高额的成本，然而在风险中也存在着机会。前面提到的深圳的公司，他们曾经运用安全的存货打赢了竞争对手，在当年获得了决定性的胜利。

很多公司把降低存货作为了管理层的考核目标，但是为什么一直无法实现呢？我曾辅导过广州的一家公司，仅用了三个月的时间，我就帮助他们实现了存货降低一半的颠覆性的效果，降低存货不能只依赖考核这一个工具，要从带来存货的根因上着手才是。

2.应收账款的成本

应收账款是指客户欠我们的钱，我们常说的"有毒的销售"就经常在这里埋下祸根，甚至有些上市公司也是用这个作为垃圾桶来平衡投资者的预期。

应收账款都有哪些成本呢？我们知道，一旦出现坏账，那么损失的就不仅仅是利润了，销售额、收入都会受到影响。而且增值税和所得税可能已经交过，那么与此相关的所有资源，包括营销资源、供应链资源、中后台的资源等都被浪费了。最糟糕的是，如果我们把同样的资源放在一个优质的客户身上，可以创造的机会收入、机会利润也同样无法在财务报表上展示。

要解决应收账款的问题，就必须做好客户的信用管理。那么，我们应当如何做呢？赊销包括事前、事中和事后管理，最关键的在于事前。选择比努力重要，我们需要知道哪些是我们的客户，哪些不是我们的客户。只有事前控制做好了才有机会。如何做好客户信用管理是一个非常专业的课题，因为篇幅问题在此不再详述。

3. 固定资产和无形资产的成本

固定资产投资带来的影响非常重大。改革开放后的第一个20年，那个时候供小于求，物质贫乏，唯有得产能者得天下。我们中华民族是一个勤劳的民族，通过大家共同地努力，物质慢慢丰富起来，大多数产业出现了供大于求的现象。比如在服装市场，如果把中国的服装工厂全部关闭，流通中的存货也足够消费3年；在某些重工业机械产业，当年我们国家投资4万亿元，拉动了制造产能的发展，结果造成了供给产能是需求产能的3倍的现状。所以在投资时，必须谨慎，要充分评估其背后的风险。我们必须重视投资前的决策，在投资前认真做可行性研究。有些老板只凭着一股热血，没有耐心进行可行性研究，就一股脑地投资，结果反而被这些投资牵着鼻子走，浪费了有限的宝贵资源。

因此，投资有风险，投前需谨慎。

固定资产和无形资产投资，虽然在报表上显示的是折旧和摊销，但是所有的投资总额都砸下去了，残值或者旧的资产的变现收入很低，比如，投资了 100 万元，假设折旧年限为 5 年，残值为 0 的话，那么在利润表上显示的是 20 万元。但是剩下的 80 万元有着怎样的风险，未来是否可以收回，这是我们始终要关注的。如果这些资产的产能卖不出去，那么剩下的 80 万元就成为沉没成本。

无论是固定资产也好，还是无形资产也罢，都是投资行为，投资之后要考虑如何利用好这些产能。如果在技术上落后，就要及时做减值，淘汰落后技术。有的公司因为投资者或者考核等各种各样的原因，来不及及时处理账面上的资产，所以看上去资产越来越多，但是事实上这些资产对于公司未来的发展已经没有意义。这些投资带来的都是固定成本，日本的"经营之圣"稻盛和夫也建议大家警惕固定成本的增加。

误区五：成本控制只控制制造成本

在进行年度预算的时候，我们都会布置降本计划的任务，很多公司把这个任务交给制造部门。对于制造业来说，制造成本确实比其他费用要高很多，很多制造业的制造成本占比都在 60% 以上，也难怪大家会把焦点放到制造成本的控制上。

但是很多公司的销售费用、管理费用和研发费用也非常高，需要一并引起重视，将其纳入管理系统。要研究营销费用、研发费用、管理费用和投入及产出，关注全面的降本，而不仅仅是制造费用的降本措施。

在后疫情时代，这是消灭全部不增值活动带来的成本的一个非常好的机会。稻盛和夫在他的《在萧条中飞跃的大智慧》一书里也建议大家彻底降低成本："萧条时期竞争愈加激烈，眼看着订单数量、单价不断下降，这时仍要维持盈利，就必须彻底削减成本，成本的下降程度要大于价格的下降才行。"

误区六：研发团队不关注成本

在研发团队中，很多人是技术出身，对于成本的认知有限，或者没有兴趣，这就会使得大家在选料的时候有完美倾向，会使用接近完美的参数、规格、性能和公差，比较喜欢概念的提取，而不关心供应商的能力和交期的现状，对质量成本关注有限。这些都会使得企业的成本高昂。

前面我们提到的 16.5 元 / 米和 19.1 元 / 米的案例也是这样的情况，研发人员常常是从产品出发，不是从客户需求出发。从客户的需求来看，只要 14.5 元 / 米的成本的产品质量就已经可以满足客户的需求了。你用 19.1 元 / 米的成本，客户也乐意接受，但前提是你可以卖到 16.5 元 / 米，然而事实是你根本做不到。

所以，研发团队要了解成本，关注成本。除了销售费用、管理费用、制造费用这种会计核算口径的成本概念之外，研发团队还需要了解与决策相关的成本和决策无关的成本，帮助公司做正确的决策。

成本管理的关键控制点

在每年的预算项目中,我们都需要梳理降本计划项目。那么,应该从哪些地方寻找降本机会?如何走出成本管理的六大误区?掌握成本管理的关键控制点非常重要。

这里的成本是指广义的成本,包括费用和税金,可分为三种:直接变动成本、直接固定成本和间接成本。

直接变动成本的关键控制点

直接变动成本可分为直接材料、直接人工、直接变动费用。

1. 直接材料

(1)直接材料的用量。可以从产品设计、生产计划两个方面寻找降本机会。

(2)直接材料的价格。可以从采购和产品设计两个环节来降本。产品设计与材料价格有关系,那么到底是高配还是低配、进口还是国产,产品设计决定了材料价格。

2. 直接人工

（1）直接人工用量。可以从产品设计、生产计划两个方面寻找降本机会。

（2）直接人工单价。可以从人力资源、产品设计和生产管理水平寻找降本机会。

（3）直接人工效率。生产计划、生产管理水平和绩效机制都会影响效率的高低。

3. 直接变动费用

（1）销售佣金。这个部分需要从销售团队的能力建设角度寻找降本机会。

（2）运费。这个部分需要从发货计划和分析、供应商管理等角度寻找机会。

（3）税金。要进行税务筹划，很多公司因为不懂税收规定多交了很多税。

（4）有些公司的制造费用里面也有一些是直接变动的，比如说电费、水费等，但是产品不同，差异很大。

直接固定成本的关键控制点

1. 设备成本

（1）在投资前，研究可行性报告，从风险的角度审慎评估。

（2）在投资后，考虑如何快速卖出产能，在不增加存货的前提下，减少产能闲置。

（3）考虑维修成本，制定预防式维修策略，降低异常停机时间。

2. 辅助材料和各项费用

从材料相关的事项看是否需要花费，采用强压政策，像丰田一样，"干毛巾都要挤出水来"。

间接成本的关键控制点

同直接固定费用的做法一样，先评估是否是增值活动，把不是增值活动的毫不留情地砍掉，对不得不做的不增值活动，想办法把效率提升到极致，尽可能减少资源占用。

聚焦增值活动，提升效果和效率。

这些成本控制点大多数都跟设计部门或者研发部门有关。所以，有人说，当一个产品被设计出来，70% 的成本已经被锁定。因此，当我们做降本计划的时候，务必请研发团队共同参与。

chapter 4 | 第 4 章 |

利润是设计出来的

2014年10月，在深圳的项目中，我与他们的董事长兼财务总监讨论他们公司2015年的利润率目标，我给出的建议是将利润率目标定为20%。当时该董事长觉得这个目标简直天方夜谭。因为2014年他们好不容易才艰难地实现了10%的利润率，2015年实现20%犹如痴人说梦。我帮他分析：因为他的核心客户全部实行差异化战略，如果他自己的战略不是差异化的，意味着他可能只能做客户一阵子的供应商，不能成为客户一辈子的战略合作供应商，客户要求的研发、技术、生产特质都可能无法实现。战略一致性不只是企业内部各部门间的一致性，价值链上原则上也要求一致。

最后他认可了我的建议。结果，2015年他们的利润率实现了17%，现在公司规模已达到50亿元，净利润率保持在20%左右。

由此可见，利润是设计出来的，企业要根据自己的行业，结合公司战略甚至价值链上的战略来做利润设计。而且利润率的设计是一把手工程，总设计师就是董事长所带领的董事会。

第 4 章
利润是设计出来的

财务报表的七座大山

作为一位财务人你是否碰到过一位不懂财务的老板,跟他讲了半天财务情况他却一脸懵圈地看着你。你是否拿过一份现金流量表给老板,但他还是问,"我们的钱到底花到哪里去了?"遇到这种情况,除了尴尬,财务真的不知道从何说起。

为什么老板总是看不懂财务总监的报表?这是因为有七座大山横亘在老板与财务报表之间。

借方和贷方

第一座大山是关于借方和贷方。

这里所说的借方和贷方,既不是借钱也不是贷款,只是一种记账符号而已,是三大财务报表上面关于每个项目增加或者减少的一种记账符号。

财务总监们因为整天谈着"借牛肉火锅,贷牛肉",不自觉地就陷入了"借贷"的舒适圈,忽略了坐在对面的人可能消化不了这些东西而一脸蒙圈的情况。

作为财务总监,如果我们可以忘记借贷,记住加减,比如"借牛肉火锅,贷牛肉",其实就是"牛肉火锅增加,牛肉减少"的意思。在记账时,要考虑什么项目增加,什么项目减少,这样就可以与老板们同频了。当然,当老板们遇到财务说借方或者贷方的时候，多问一句"你说的是什么增加什么减少"，就不怕听不懂或者非要不懂装懂了。

权责发生制和收付实现制

第二座大山是权责发生制和收付实现制的记账规则。会计上的预提费用和待摊费用就是权责发生制的核心使用科目，虽然从会计准则上已经不要求使用，但是从企业经营管理的角度，还是应该要考虑使用。预提费用是指业务活动已经发生了，但是付款时间还没有到，比如说年度奖励、佣金、提成、运费等，预提的意思是不管是否付款，都应该根据付款义务先核算。摊销则反过来，比如说房租付三押一，付了三个月的房租，如果当期一下子全部计入费用，当期的房租费用就高出三倍了，报表显示伪超支，后面两个月房租就没有了，于是报表显示伪节约，这样不利于决策。待摊费用其实就把这些不属于本期的费用放入待摊费用，在后续的收益期间里面分期摊销，让每一期的费用都能够真实的反映业务活动的情况。

老板们永远想不明白，明明每个月的运费有几百万元，在报表上为什么就不翼而飞了。诸如此类的点点滴滴，造成了老板对财务的不信任。财务总监们疲于奔命地解释：这个物流费用3个月才结算一次，在9月份报表中才可以反映出来。然而老板可能已经崩溃：财务的报表是不能看的。

其实老板需要的只是弄清楚每个月到底赚了多少钱，然而财务的收付实现制的做法足以让他彻底崩溃。有的财务总监会说："会计准则不要求预提，不要求摊销，但是会计准则可不问你是否有在创造价值。"不做预提不做摊销，就会出现伪超支和伪节约的情况，而且每个月都会循环往复地存在。财务的疲于奔命，换来的却是老板和管理层因为不理解而对财务的信任坍塌。

各种"调整"

第三座大山来自各种"调整"。

账外收入和账外费用的不及时确认就会带来"调整"。当然,数据的不及时、不准确也会带来"调整"。财务数据的及时、准确是会计的基础。

对于账外收入和账外费用的财务控制必须严防死守,从业务前端的每一个入口严格把关,及时录入,及时记账。按照稻盛和夫的说法是"一一对应",即每时每刻,票、钱和账都要做到一一对应。不然,如果你的财务报告中写"这个月的报表中有50万元是去年12月份的未记收入,下个月的报表中有去年9月份的未记费用",诸如此类的事情发生的次数多了,老板和管理层就会很崩溃。当然,如果你把账记错了,把制造费用记到了管理费用里,次数多了同样让人对你的能力产生质疑,所以一定严控账外业务。

收入的百变定义

在销售眼中,收入其实是收款,而且是含税的;工程项目类的销售收入是签单额,并不是报表中的收入。在财务眼中,收入是不含增值税的;工程项目类的销售收入,是可以实现收款权力的完工百分比金额。

当大家都在用"收入"概括这些不同的概念时,就会出现一团乱麻的情况,结果大家整日在诸如此类的分歧中浪费生命。

当然,不只是收入,成本费用的定义也是一样。还有一些名词的简称也是如此,比如产品、客户、供应商等。所以,强烈建议财务总监组织做一个企业常用语字典,否则,这个沟通其实是不增值活动。

资金占用与成本费用

作为一个管理者，我们需要区分两个概念：成本费用和资金占用。曾经有位企业家朋友做了一个利润表，然后把他们的设备、办公家具等全部算进了成本费用。这种做法其实是错误的。

没有经过系统财务训练的人很难区分清楚成本费用和资金占用的概念。

比如，昨天你去超市买了2箱方便面，花了200元，请问这个是成本费用还是资金占用？习惯上，我们会跟家人说花了200元。现在，我们分析一下，这200元到底是成本费用还是资金占用。

我认为是资金占用。我们都知道，货币的产生是物物交换的需要。如果你手中有200元，你可以用它去交换你想要的东西。现在方便面还在，资源就在，因此就是资金占用。那什么时候才是成本费用呢？把这两箱方便面吃掉，或者送给别人了，或者这些方便面全都变质了……在诸如此类的情况下，这200元才是成本费用。

在企业里，哪些是成本费用呢？差旅费、招待费、人工成本等，这些都是成本费用。

在企业里，哪些又是资金占用呢？原材料、在制品、产成品等存货，还有厂房、设备、固定资产、无形资产等都是资金占用。还有一个最容易被我们忽略的，就是客户欠我们的应收账款也是资金占用。

对折旧与摊销的年限分歧

第六座大山是关于折旧和摊销的年限在经营者的理念和会计准则上严重不一致。

比如，某些固定资产明明已经报废，但账面资产还在，每个月继续折旧，或者虽然早就完成了折旧，但是资产还可以使用好多年。

诸如此类的现象比比皆是，建议财务总监要定期清理固定资产，至少一年要清理一次，找到那些明明已经报废却每个月还在折旧的固定资产，对这些资产做减值处理。当然，如果考虑到准则和税务筹划的需要，至少要有一个管理报表，让资产的折旧和摊销调整到跟实际经营的金额一致。比如，财务上按照8年计算折旧，实际只有5年的寿命，那么管理报表就按照5年计提，财务报表项目按照会计准则来计算即可。

会计科目和管理科目

第七座大山是会计科目和管理科目。

在所有的会计科目中，一级科目是管理费用、销售费用、财务费用等，二级科目就变成了办公费、招待费、工资和福利费。

强烈建议财务总监在一级科目和二级科目之间再增加一级科目，把以前的二级科目变成三级科目。增加一级与管理相关的科目，简称为"管理科目"，包括老产品升级、新产品开发、老客户管理、新客户开发、供应商开发、供应商管理、人才培养、人才招聘、质量成本等诸如此类的与业务活动类型直接相关的成本。这样分析起来，跟管理层才能同频。

利润表与战略落地

说到利润表,是要与战略结合起来。

一提到"战略"二字,大家就感觉这是一个很空虚的概念,似乎战略都是老板的事情,离我们很遥远。于是老板们只能孤独面对战略,成了空想家。其实,我们可以利用利润表构架起促使战略落地的管理体系。

战略分为产品战略、区域战略、渠道战略、团队战略、品牌战略、竞争战略等。

把每一项收入都贴上不同的战略属性标签,成本费用也相应地贴上不同的战略属性标签。接下来就可以分别做出来四张表:跑量产品的利润表、差异化产品的利润表、战略产品的利润表和明星产品的利润表。将这些利润表分别与相对应的预算利润表相比较,就可以知道战略是否发生了偏移,判断接下来是否要做调整。因此,在预算编制的时候也要相应地做不同产品属性的预算利润表。

比如,我们曾辅导过一个公司,根据他们公司自己给产品贴的战略属性标签,画了一张气泡图(如图 4-1 所示)。大家可以仔细看看,这张图有什么问题?

第 4 章
利润是设计出来的

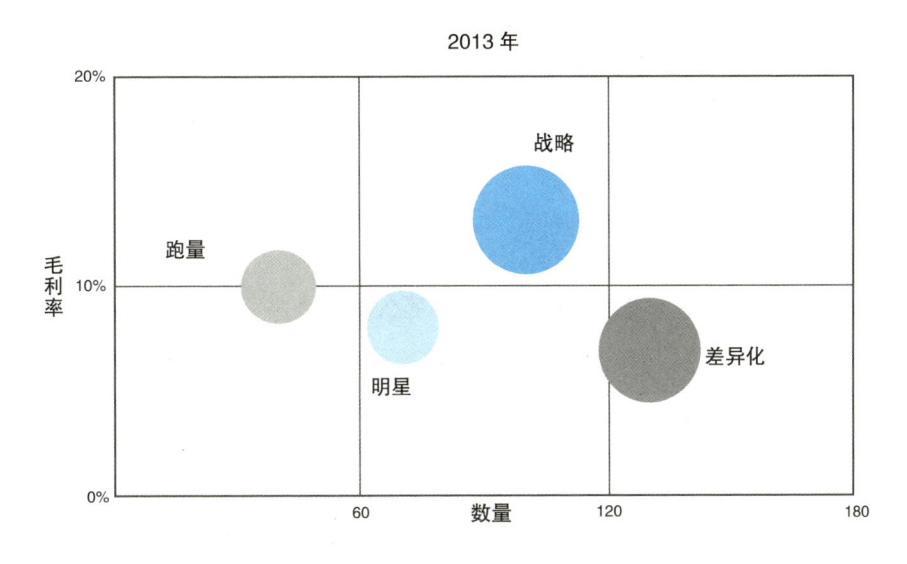

2013 年

图 4-1 战略气泡图

在图中,深蓝色气泡表示战略产品,深灰色气泡表示差异化产品,浅灰色气泡表示跑量产品,浅蓝色气泡表示明星产品。

横轴代表销量,纵轴代表毛利率,其实最好是用边际贡献率,但是因为那一家公司的变动成本数据不全,所以只能计算毛利率。

这个是根据之前他们自己贴的标签得出的结果。但是既然是明星产品,数据为什么跑到图的左下角去了,气泡还那么小?跑量产品的数量怎么比差异化产品还少?差异化产品的毛利率为什么那么低?

很显然,数据有时候是骗人的。他们先后做了 1000 多张定位图表,而这些图表的数据每次调整一次,就要重新做一次新的图表。

产品定位一定要有战略目标,就好比打仗,事先一定要有布局。哪些是胸前贴个"勇"字在前方冲锋陷阵的?哪些又是借助掩护,乘机抢占阵地的?如果所有人都一起冲上去,战争的结果肯定很惨烈。企业的产品战略也是如此,海陆空如何配合，尤其要考虑清楚。哪些产品正面进攻？哪些产品曲线救国？都需要借助数据分析清楚，完成这一步，后面关于产品的定价就容易了。

同样的，如果你想知道不同生命周期的产品对于利润的贡献，也可以相应地做出不同生命周期的利润表。比如，种子期的产品利润表、发展期的产品利润表、成熟期的产品利润表和衰退期的产品利润表。但是大家要注意的是，如果你的产品是跑量又是成熟期的产品，那么是不是要考虑迭代了？

在进行预算编制的时候，要结合战略发展方向来编制预算。同样的，在进行预算执行与跟踪的时候也需要看战略是否落地，是否需要做出相应调整。

管理报表中可以有很多种利润。收入减去直接的材料消耗，得到的是有效产出。有效产出减去直接人工的变动部分，再减去各种费用中与销售额线性变动的费用，如运费、佣金等，得到的是边际贡献。此外，还有毛利、销售利润、EBIT息税前利润、EBITDA息税折旧摊销前利润、税前利润和净利润。面对这么多的利润，有时候可能一不小心就会错用，需要管理者权衡利弊做出正确的衡量和考核。

EVA 与利润设计

企业的资金来源有些是从银行借的，有些是从供应商处借的，有些是股东投资的。资金占用需要成本，那么是银行的钱贵还是股东的钱贵呢？

有人可能会说银行会收利息，股东不收利息，所以银行贵。

举个例子，现在你手头有100万元，如果购买国债的话，假设可以有5%的回报，那么现在让你投资给企业，给多少回报你才可以满足？

国际上有一个惯例，社会平均的投资报酬率至少是无风险投资报酬率的3~5倍，这叫风险溢价系数。按照这个系数，股东所希望的回报要15%~25%

第 4 章
利润是设计出来的

左右，等于是你把钱借给公司，这时候你最担心的是风险。对于本金丢失的恐惧要求你必须在高额的回报基础上才肯去投资，每个人都有一个心理预期，比如，如果给你 12% 或 15% 或 18% 的回报率，你就有可能动心了，把钱投了进去。当然，不同的人有着不同的心理预期，有的人要 20%，有的人要 18%。但不论是 18% 还是 20%，大家发现投资给公司都远远高于银行利息，因为银行的基准利率 6%，上浮 30%，不到 8%，所以投资给公司，股东可以获得更高的回报。

可是大家还可能会认为银行的钱贵。因为银行到期就要还款，迟一天，就需要缴纳滞纳金，然而股东没有这样的条款；况且，我们财政部规定的利润表上面也没写股东的利息。所以在很多人看来还是银行的钱贵。因此国际上通行一种经济增加值的做法。

什么是经济增加值？

经济附加值（EVA, Economic Value Added），又称经济利润、经济增加值，是一定时期的企业税后营业净利润（NOPAT）与投入资本的资金成本的差额。

净利 – 股东利息（所有者权益 × 股东的回报率）= EVA（经济增加值）

经济增加值让大家有了股东需要回报的概念。比如，假如你是股东，现在如果 EVA 大于等于 0，那么所有的人都会很开心；但是如果 EVA 小于 0，你极有可能会选择撤资或者其他自保性的做法。

有人可能会有疑问：为什么国企只有 5.5%，而我们想要的回报这么高，怎么可能实现？

国企的股东是国资委，是国家。在经济社会里，有两只手，一只看得见，一只看不见。政企不分是多年来一直有的现象。政府是一个非营利机构，担负着和谐社会的重大责任。在 2012 年之前，国企的绩效考核中社会责任中占比 70%，经济责任占比 30%，到 2012 年之后才改成经济责任占比 70%，社会责任占比 30%。由此可见，国企为了我们国家和谐社会的建设做出了很多贡献。资产负债表里面的数据是累计的，所以现在你直接用 15% 的标准来考核他们，就很难进行下去。有些国企的投资报酬率也比较高，比如市场化早的，政府参与比较少的国企，就比较接近社会平均投资报酬率。

预算中一定要有 EVA 的理念，要结合利润和资金占用一起来看。比如，有些事业部看起来可能很挣钱，利润很高，但是如果把资金占用成本算进去，利润可能还不如其他部门多，这些都需要统筹考虑。当然，行业不同，具体的结果也会有所差异，但是努力的方向是尽可能降低资金占用，提升综合盈利能力。

有一个问题是，预算资金的利息率到底多少比较合适。可以使用加权平均的概念，把无息的资金、低息的资金和高息的资金一起考虑进来，预算资金的利息率通常在 15% 左右。

那么，8%×30%×（1-25%）+20%×70%=15.8%。这里的 30% 是资产负债率，乘以（1-25%）是因为银行的利息可以在所得税税前扣除，股东的分红必须在所得税税后分红。这个 15% 的数据就是根据企业的具体融资环境和资本结构计算出来的。也就是说，每个事业部在做预算的时候，如果你的资金的回报率低于这个标准，就需要反复拷问自己：这个事业部是否应该这么做，怎样做才可以提升事业部存在的价值。

ROE 与盈利设计

股东投资回报率怎么衡量？可以用净资产收益率作为指标。净资产收益率（Return on Equity，简称 ROE），又称股东权益报酬率、净值报酬率、权益报酬率或权益利润率，在上市公司称为净资产收益率。ROE 是净利润与平均股东权益的百分比，是公司税后利润除以净资产得到的百分比率，该指标反映股东权益的收益水平，用以衡量公司运用自有资本的效率。

ROE= 净利润 / 净资产

企业有收入才有存在的价值，收入可以带来利润。那么，企业每收入 100 元所赚得的利润，在财务上叫作净利润率 B= 净利润 / 收入。

同时，要实现收入，就需要投入资金，资金都占用在存货、应收款、预付款里，还有固定资产、无形资产、短期投资等。这些上面所有的资金占用就是总资产，也叫作总资金占用。我们要看占用了多少资金来实现这些收入，可用一个指标 C= 收入 / 总资产来表示。

公司的钱都是有来源的，有的来自银行，有的来自供应商，有的是来自股东等，我们要看在总资金当中有多少资金来自股东，可以用这个公式计算：D= 总资产 / 所有者权益。

净利润 / 净资产（A）= 净利润 / 收入（B）× 收入 / 总资产（C）× 总资产 / 所有者权益（D），从数学角度上来讲，A 是 B、C、D 相乘的结果，如图 4-2 所示。

C 表示每投入 100 元的总资产能给企业带来多少的销售收入，这是总资产的周转问题。B 则表示 100 元的收入能给企业多少的利润。D 表示 100 元的总资金里面有多少是股东投资的。那么，B、C、D 分别都有什么特征呢？

```
        ROE= 净利润/净资产（A）
              │
    ┌─────────┼─────────┐
净利润/收入  收入/总资产  总资产/所有者权益
   （B）      （C）         （D）
```

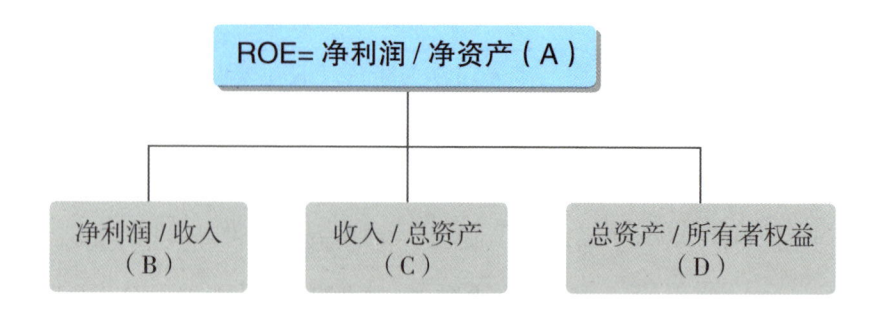

图 4-2　ROE 与净利润和所有者权益关系图

如果资产负债率是 50%，也就是说资产 100 元，负债 50 元，权益就是 50 元，也就是 100/50=2，即 D=1/（1-50%）=2；如果资产负债率是 0%，也就是资产与所有者权益都是 100 元，这样 100 除以 100 就是 1，即 D=1/（1-0%）=1；如果资产负债率是 60%，也就是说资产 100 元，负债 60 元，所有者权益就是 40 元，这样 100 除以 40，结果 2.5，即 D=1/（1-60%）=2.5。

所以，D 在一般情况下，一定大于 1，这会有一个放大的效果。D 在财务上叫作乘数，又叫作财务杠杆，可以放大回报也可以放大风险，是一把双刃剑。

再看 C，C 是说我占用了多少钱来实现这个收入，C 永远大于 0，这两个数据收入和总资产如果有任何一个小于 0，就无法继续下去，这个我们叫系数。它可以放大，可以大于 1；也可以缩小，可以小于 1。在国内的上市公司里，大约有 80% 公司的指标都是小于 1 的，这个数值反映了公司的商业模式和运营效率的成果。

再看 B，表示每 100 元的收入，能够赚多少钱。通常大家最熟悉的一个指标，叫作净利润率。一家制造型企业，如果净利润率达不到 10%，是没有未来的。经营之神稻盛和夫也说，企业起码要有 10% 的利润率。

股东的回报到底如何来实现呢？我们先来看下面这几个等式：

甲　3%×4×2=24%

乙　12%×2×1=24%

丙　12%×1×2=24%

丁　1.5%×8×2=24%

上面这几个等式非常有趣，我们逐个来看。

先看甲。假设甲是制造业，净利润率为 3%~5%。假设 B=3%，2 个月周转一次，那么一年可以周转 6 次，这里保守计算周转为 4 次，假设 C=4，资产负债率 50%，前面我们算过 D=2，因此，A=B×C×D=24%，制造业企业可以获得 24% 的回报，满足了股东的要求。

再看乙。乙是服务业的模式，服务业净利润率比较高一些，有些甚至可以达到 50%，我们假设 B=12%，而且是轻资产，周转快一些，假设一年可以周转 2 次，那么 C=2；但是因为轻资产，很难借钱，资产负债率为零，D=1，没有放大效果，因此 A=B×C×D=24%，也是可以实现股东的回报。

接下来看丙。丙也是服务业的模式，按照乙的算法，B=12%，但是丙是重资产模型，周转要慢，假设一年周转一次，那么 C=1；但是因为重资产，可以抵押贷款，因此杠杆效果可以实现，即 D=2，那么 A=B×C×D=24%，同样可以完成 24% 的目标。

最后看丁。丁的模型属于流通业的情况，净利润率很低，甚至有些公司像沃尔玛，净利润率可能不到 1%，假设 B=1.5%，但是其快速的周转系数让他们扳回一局，假设 C=8，D=2，根据计算结果，我们看到这样同样可以满足股东期待的回报。

现在假设有两家公司，分别叫作甲 1 和甲 2。

甲1：4%×2×2=16%

甲2：2.5%×6×2=30%

甲1公司重视利润率，别人做到3%，甲1一定要做到4%，结果是虽然利润率比行业平均水平高，但是因为忽略周转可能带来股东的不满意。

甲2公司重视薄利多销，利润周转两手都要抓，两手都过硬，结果让利的同时却获得超额的利润，股东也笑到最后。

反过来，如果是流通业，其实关键是做周转。我有个朋友做批发的业务，想把销售净利润率做到10%，于是他挣扎得非常辛苦，几乎活不下去，我们来帮他设计看看，10%×2×1.2=24%。如果销售净利润率降低一半，周转是否可以加快很多？5%×6×1.2=36%。而且最重要的是，销售额翻了3倍。所以COSCO会限制利润率要求，以保障他在消费者心目中便宜的印象。这样利润额增加了，利润额才是企业最终的经营成果。不懂财务，可能一直在犯错都还不知道。由此可见，利润是设计出来的。

当然ROE指标只是分析的一部分，需要结合其他分析一起来考虑，千万别因为一个指标的指向简单粗暴地下结论。有时候，ROE不高，但是企业追求的是先做大再做强，考虑的是规模效应，特殊时期需要考虑不同的侧重点。那么，企业整个生命周期的战略规划和布局就至关重要。而我们需要做的是先了解这个指标的内涵以及这个指标指向的管理思路。

上面我们是说不同的行业。事实上，很多公司内部就有不同特征的产业。产业不同，盈利模式不同；产品不同，盈利模式不同；区域不同，盈利模式不同；渠道不同，盈利模式不同。在实际运作的时候，要注意哪些赚利润，哪些赚现金。比如万达：百货赚现金，地产赚利润，利润周转两不误。所以公司的经营一定要从战略层面就开始做好这方面的设计工作，不要在用它该抓周转的时候却在管理上只关心它的利润率；在用它该抓利润的时候，却在管理上丢了利润，抓了周转；有时候利润和周转不能兼得，靠周转驱动回报的就需要把周转效率做到极致，靠利润率制胜的就需要在研发上狠下功夫，打造不同的核心竞争力，建立属于自己的盈利模式。

当然，这些策略还会随着公司发展阶段的不同而有所不同，这又是一个系统工程。企业家作为企业的总设计师，必须设计好其中的商业模式，科学系统地做好战略设计，才有机会稳坐军中帐，在谈笑间"樯橹灰飞烟灭"，决胜于千里之外！

盈利体系之成本设计

很多人把成本管理的关注点放在事后的审核控制上,其实关键是事前的设计。如何做好成本设计是门大学问,我们从战略成本、降本速度、成本结构设计和保本点、保利点这五个方面来探讨。

成本设计取决于战略定位

成本管理离不开公司的战略定位。不同战略下的成本管理思路和方法是不同的,要明白公司整体战略,是成本领先还是要进行差异化,或者是聚焦细分市场。如果企业明明走着差异化的路,还要追求成本最小化,就很有可能走入歧途,战略也会因此落空!

迈克尔·波特被全球公认为"战略管理第一人",如表4-1所示,他把公司战略分为四种:一是广义市场下的成本领先;二是广义市场下的差异化;三是细分市场下的聚焦成本;四是细分市场下的差异化。这四种类型的战略在本书中就不赘述了,大家可以找一些相关的战略书籍研究一下。

表 4-1 波特战略矩阵

		竞争优势	
		低成本	差异化
竞争范围	大规模目标市场	成本领先	差异化
	小规模目标市场	成本集中	差异化集中

总之,在不同的战略定位下,对于成本的要求也是不同的,而成本管理的重点在不同战略的背景下也是完全不同的。比如,广义市场下的成本领先战略,成本需要做到极致的低。美国西南航空的案例就是非常经典的案例,国内的格兰仕的做法也是如出一辙。

降本速度与成本优势

速度是很多人经常忽视的一个环节。这里再讲一个前文提到的深圳的一家公司的案例,在常规的情况下,新产品的成本往往很高,大家可能需要一年甚至更久才可以实现降本的目标,但是客户要求他们每季度降本5%,因为他们的团队非常熟悉成本的性态、生产与研发配合,别人要3个月甚至6个月才可以实现降本,他们只需2个月就实现了。如果他们可以降本10%,而别人只能降本5%,那么他们就赢得了先机,掌控了全局。对客户来讲,他们也拥有了更多的机会。

可以说,速度对于企业的发展和盈利能力至关重要。

所以必须重视几个周期的管理:研发周期、销售周期、成交周期、运营周期、生产周期、交付周期、人才培养周期、招聘周期。将这些周期数字化,可以帮助企业打造硬核。

成本结构设计

管理层作为一个公司的盈利设计师。在进行成本结构设计时，你是希望固定成本高一点，还是希望变动成本高一点？可能不同的人有不同的选择。

如图 4-3 所示，在这幅图里，横轴是销量，纵轴是金额，一条总成本线，一条收入线，收入在总成本上面是利润，收入在总成本下面是亏损，收入等于总成本的时候对应的销量是保本点。该图中有两种战略模式：A 模式和 B 模式。其中，左边的 A 模式是固定成本低一些，右边的 B 模式是固定成本高一些。

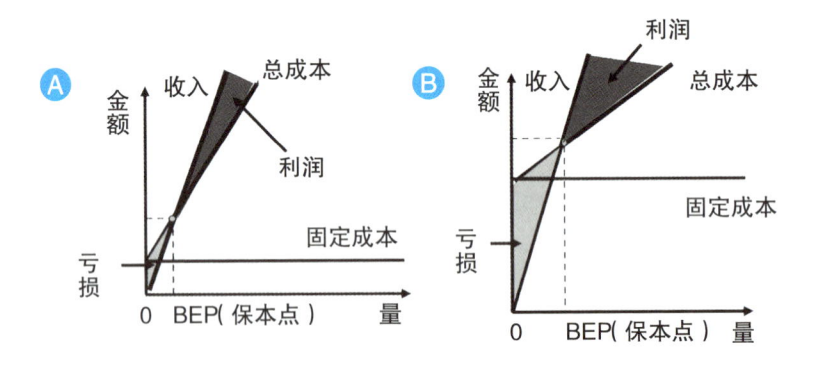

图 4-3　成本设计里的战略

A 模式这种成本结构的优势是固定成本低，因此初始投入就少一些，很快就实现保本，保本前的亏损较少，但是保本之后的利润也少一些。

B 模式恰恰与 A 模式相反，初始投入高，保本点高，在保本之前亏损得多，但是进入门槛会高，保本之后的利润相比也高一些。

有些公司之所以会选择 B 模式，就在于该模式在保本后赚得多，因此愿意为了保本后的额外利润，承担前面的高风险。

最理想的状况是先 A 模式后 B 模式。在企业生命周期或者产品生命周期的开始阶段，或者开拓新市场、开拓新渠道的时候，先用 A 模式，再慢慢转为 B 模式，这种方式比较健康，既降低了前期不确定的风险，又收获了业务稳定之后的高收益。

我们按照这个逻辑来理解中国市场上的 OEM 模式、ODM 模式和外包模式。现在有很多专业公司，将营销、运营、研发、HR、财务等都采用外包的形式。外包有一个很大的好处就是把固定成本变成了变动成本，而且把最难的管人变成了管事。对于不喜欢管人的企业可以多考虑用外包模式解决问题。但是什么可以外包出去什么不能，要结合每个公司的核心竞争力来研究设计。

A 模式的管理重点和 B 模式的管理重点有所不同：A 模式的重点在于降低单位变动成本；B 模式的关键在于快速提升销量，规模越快实现，风险就越低，比如很多的航空公司和酒店都是这样的情况，将开源作为公司的重中之重。

保本点和保利点

保本点的计算公式是：销量 × 单价 − 销量 × 单位变动成本 − 固定成本 = 利润。在这个等式里，销量设定为未知数 x，利润为 0，就可以算出保本点。

保利点也是用这个等式，其他不变，只是把利润变成目标利润，那么计算出来的 x 就是实现利润的销量，也就是保利点。

保本点和保利点有很多应用，包括以下几种：第一，战略规划和战略预算的目标推演；第二，供应商的谈判；第三，定价；第四，销售团队的目标推演；第五，可行性研究报告；第六，人才培养决策；第七，人才招聘决策；第八，激励机制的设计；第九，新产品的可行性方案设计；第十，降本计划设计。

chapter 5 | 第 5 章 |

战略目标风险管理

目前，学术界尚未对战略风险的定义达成一致，但基本上都没有脱离战略风险字面含义。风险的基本定义是损失的不确定性，那么战略风险就可理解为企业整体损失的不确定性。

战略风险是影响整个企业发展方向、企业文化、信息和生存能力或企业效益的因素。战略风险因素也就是对企业发展战略目标、资源、竞争力或核心竞争力、企业效益产生重要影响的因素。

企业的风险管理是企业核心竞争力的重要组成部分。目前，我国企业在建立风险管理体系中仍然存在着许多障碍，职业舞弊现象也非常严重。

第 5 章
战略目标风险管理

建设战略风险管理体系

美国安然公司曾是世界上最大的天然气采购商和出售商，世界最大的电力交易商，世界领先的能源批发做市商。然而2001年，安然公司宣告破产，破产清单中所列资产高达498亿美元。经过调查，安然公司的破产是因为会计舞弊。这是美国历史上第二大破产案。

美国历史上第一大破产案是世通公司的破产。世通公司曾是美国第二大长途电话公司，2002年，该公司虚报巨额利润的丑闻曝光，在重压之下，该公司选择破产，破产涉及的资金规模是安然公司破产时的两倍。

美国在安然事件和世通事件发生之后，出台了《萨班斯－奥克斯利法案》，对上市公司的合法合规进行了严格的规定，而且规定触法之后的处罚会达到刑事责任的程度。继美国出台《萨班斯－奥克斯利法案》之后，其他国家，包括中国也相应出台了类似的企业风险管理合规要求。

有效的风险管理是企业发展的重要保障。所有企业都应着眼于所处环境的发展趋势，结合自身经验，建立"积极应对、分层管理、统一协调、多种手段、循环往复"的风险管理体系。

内控失败的典型案例

以我曾服务过的一家企业为例。该企业的创始人牛总表面上很是春风得意,他一手创办的牛气餐饮连锁集团已经稳步进入了第八年,虽行业竞争激烈,牛气依然受到了国内资本巨头的青睐。在资本的助推下,短短两年时间,牛气旗下连锁分店从40家高速扩张到95家,还有10多家分店正在紧锣密鼓地筹备中。对于牛气这个品牌,牛总充满信心。牛气拥有荣登国家非物质文化遗产名录的拳头产品,并且周边产品的研发能力也很强。在长江以南,食客众多。最让人高兴的是,近年来,随着对北方市场的渗透,中原和华北已成为新的业务增长点。这些,都是牛总引以为傲的资本。

可是偏偏天不遂人愿,随着新分店的开张,很多老分店却陷入了经营不善的境地。虽然集团收入上凯歌高奏,但利润上却是每况愈下。部分城市分店开业一年多来月月亏损,一家竟然亏掉其他三家的利润!另一些八年来一直盈利的老分店,竟然首次出现了亏损!离年底还剩下不到两个月了,这样下去,2018年初制定的利润目标看起来已经不可能完成!这让一直想让公司上市的牛总非常揪心。

忧虑重重的牛总请来了坤睿咨询的数据团队帮助牛气做经营分析,希望了解收入上涨利润却下降的真相,并找寻对策。经过六天六夜的数据收集、处理、分析和解读,20家老店2018年的经营分析报告终于出来了!牛总盯着那一张张图表,心中的疑惑也一一获得了解答。

与2018年初预算目标相比,牛气集团前十个月累计息税前利润落后预算3100万元,主要影响因素在于:

1. 销售收入增长了2000万元，原本这部分增量可以额外带来600万元的利润。但由于应对竞争，销售采取大幅降价促销策略，结果与预算相比，利润反而损失500万元！

2. 收入增长的背后，还离不开营销资源的粗放投入，集团广告费超支严重，影响利润下降800万元。为了让更多人知道牛气，很多地方都花大钱做了广告投放，不但包下了电梯楼宇和公交站牌，还和某搜索引擎合作，强化了网络营销。这固然增加了到店消费的人数，但也大大提高了营销成本。

3. 人工成本超预算1500万元。其中，有六家分店人工成本分别超预算200万元，另外九家也不同程度地出现了人工费超支的情况。整个集团只有五家分店人工费用控制在了预算之内。

4. 由于当初选址手续不健全，某些分店的租金损失和赔偿达300万元，直接影响了利润。

看着巨大的人工成本差异，牛总叫来了人力资源总监，想问个究竟。牛总记得很清楚，当初做预算时，人工成本就是一个大头。而且，不论是新增人头，还是涨薪幅度都是做了比较充分地测算的。按理说，人工成本预算这块应该是足够的。即使超支，也不会超预算如此之多啊！

面对牛总的质问，如坐针毡的人力资源总监把所知道的情况都如实做了汇报：

"各家分店今年为了留住合同到期的高管和大厨，纷纷大幅调高了薪酬，且相当部分是保底薪酬。为了冲销售，多家分店给营销渠道的基层员工大幅提高销售提成比例；个别分店营销部门工资数额超预算50%甚至更多。对于一些经营不善的分店来说，人员流动性过大。极端的情况下，新来的管理层不到一周即离职。在这些人身上花的钱，自然也打了水漂。"

荒谬！牛总问人事总监："这些人员调动和薪资调整，都经过集团你这边批准了吗？"

人力总监道："现在每家分店的店长一手负责店内各类具体事务。大多数时候，我只能提建议。更多的情况是，他们已经办完了入职手续，然后才通知我一下，相当于我这里只是报备……"

"你这个人力总监是干嘛的？人员调动、涨薪这些，都没有监督吗？"

"我们只有指导性要求，也发下去了。但是，具体的审批权力实际还是在各分店店长手里。没有明确的制度说，哪些人岗位变动由集团我这边控制。所以，我也是有心无力啊！"人力总监壮着胆子回答道。

面对如此答案，牛总只能苦笑：好吧，你们都没错！都是我的错！

其实，上面的故事并非个案。在我们的民营企业中，特别是连锁性质的企业，像这样的情况并不鲜见。总部名义上是管理中枢，但实际却没有权力干预地方机构的运转。地方负责人手握大权，其能力好坏直接影响到所在机构经营的成败。因此，在不少集团老总看来，找到"能人"是总部的当务之急。如果地方负责人不胜任，也只能将就用着；否则群龙无首，结果只会更糟。老总们眼见着利润一点点下滑，却束手无策，心里知道不对劲，却不知道问题的关键在哪里……

这就是我们所说的"内控失败"的典型！

我们很多企业都听说或接触过"内控"这个词，但对内控到底是什么可能并没有一个清晰的概念。

我们不妨这么理解，如果把企业比作一辆高速行驶的汽车，内控就是这辆车的刹车。人们用刹车的初衷并不是让汽车越走越慢，它其实是为了让汽车能走得更快而发明的。刹车能让车子在遇到障碍时及时躲过，同时还能保持车辆在驾驶员的控制之下。也就是说，刹车帮助驾驶员控制风险。刹车虽无法解决行驶在路上可能发生的一切不测，但一套高性能的刹车系统，也就是一套有效的风险管理和内控框架，就像高性能刹车一样，能够帮助企业更好地经营，并带来竞争优势。

牛气集团的核心问题，就在于它是一辆高速行驶的汽车，但缺乏高性能的刹车，来帮助它少走弯路，少撞南墙。人员成本增加，本质是分店层面用人管理混乱。对于该请多少人、该花多少钱、该请什么样的人，完全靠分店店长拍脑袋决定，缺乏科学的决策体系的支持；另外，在长达一年的时间内虽然每月人工成本都在增加，但集团竟然毫无纠正手段，也没有带头人去负责解决这个隐患。

相信这种"明明知道不对劲，但是解决起来却无从下手或者力不从心"是很多民营企业家都共同经历过的困境。

一两个客户出了问题，销售总监或者老板出面，就能搞定；一两个产品出了问题，大家坐下来开会公关，也可解决；一两个员工出了问题，老板坐下来面对面谈话也往往可以安抚。但一旦大面积出现异常状态，就不是老板一人之力能解决的，甚至都不是公司高层几个联手能摆平的。这时候，我们就需要内控这一武器了！

风险管理体系的好处

COSO 是全球最权威的研究风险管理的机构,在 2017 年新版框架中,对企业风险管理进行定义:组织在创造、保持和实现价值的过程中,结合战略制定和执行,赖以进行管理风险的文化、能力和实践。

COSO 认为,风险无处不在,无时不在,需要建立科学的风险管理体系。这个风险管理体系至少可以为企业带来以下六个方面的好处。

第一,发现更多机会,增强核心竞争力

通过系统的风险识别和风险评估,尤其是团队共同来识别风险和评估风险,可以发现更多的市场机会。风险不只光顾我们,也会光顾竞争对手,而机会只留给有准备的人。提前识别风险,提前布局应对措施,比竞争对手早一步,就比对手多了一次机会,也比对手多了一层运筹帷幄的能力。持续夯实之,就会慢慢形成企业的核心竞争力。

第二,不同风险之间是可以相互转化的

在收入的风险降低的同时,现金的风险却增加了,这样的情况并不少见。不同风险之间是互相关联的,如果没有专业的、系统的风险管理机制,那么由于每个人、每个部门的立场各不相同,往往就会犯盲人摸象的错误。经过系统的风险管理体系建设,可以使全员形成风险管理的习惯,并落实为文化的一部分,使公司实现在整体层面的风险管理,让公司发展更加健康可持续。

第三,从风险中找机会

管理领域里面最怕的是"Surprise",企业经营里的这个"Surprise"大概率是惊吓而不是惊喜。通过科学系统的风险管理体系建设，能够帮助我们从风险中找机会，并发现机会背后的风险，让机会可以安全地落实成为公司的业绩。企业经营里面除了"有毒的收入""有毒的利润"之外，还有一个就是"有毒的机会"。所谓"有毒的机会"就是指没有经过充分风险评估的机会，实际落实机会的时候才发现有很多未知的、无法应对的风险，这个时候机会转化成现实业绩的信心指数就大幅度降低了；在风险降临之后，风险应对成本也大大增加。比如这次新冠疫情的来临，如果我们在元旦时购买口罩，一个只需要5~6角钱，但是到1月20日时一个需要1.5元，到了1月23日时一个需要3元，到1月30日时哪怕你用5元也很难买到一个了。

第四，降低业绩大幅波动的风险

系统的风险管理让企业可以提前预测风险，避免因为重大风险带来的业绩波动。

第五，可以提升资源利用率

企业的资源非常有限，每个风险都会消耗资源，识别健康的风险信息并进行系统管理，优化资源配置，可以提升资源的利用率。

第六，帮助企业提升可持续发展的能力

企业的预测和应对变化的能力决定了企业中长期的发展。随着公司的规模越来越大、环境变化的加剧和管理的复杂程度增加，有效的风险管理就越重要，它是保障企业健康可持续的必要的组织能力。

企业风险管控体系的现状

2020年，由于新冠疫情对世界经济环境的冲击，各行各业都面临着与日俱增的市场竞争压力，此时便特别考验企业的风险管控能力。然而，由于以往的不重视，现阶段企业内部在进行风险管控的过程中，普遍存在着对构建全面风险管控体系的重要性认识不足的问题。

管理层对风险管控认知极端

了解上市公司合规要求的朋友们都知道，作为上市公司，非常重要的合规条件之一就是企业风险管理体系的建设。非常遗憾的是，大多数人只是把这个方法当作合规的作业，并没有把企业风险管理体系的建设作为企业目标来保驾护航，企业风险管理体系的建设也走入了两个极端。

一类管理层认为风险无法预测，防不胜防，只能见招拆招，所以把上市公司应建设企业风险管理体系的要求当成了作业，书面一套，实践一套，而且很多老板带头无视企业风险管理机制，结果随着公司规模的逐渐扩大，企业步履维艰，直到走向衰退。

另一类管理层则是有着在外企五百强公司工作的管理经验，他们知道流程制度管理办法的好处，于是成了流程控，到了中小型公司之后就会非常不习惯。我曾辅导过的一家企业，在用 BSC 的思路带领团队梳理内部流程的目标的时候，管理层列出了一个有 260 多个流程的清单，简直令人震惊。要做完这 260 多个流程和制度，需要投入相当长的时间和人力。

没有完美的企业，也没有完美的风险管理体系，所以最合适的方法就是"带病修行"，但是一定要避免重大风险的发生，不能事无巨细、齐头并进地往前冲。并不是所有的企业都能像大企业那样有足够的资源，中小企业就更不用说了。所以，我们建议企业的风险管理体系建设需要软着陆，围绕着战略目标来识别关键风险，结合关键风险来制定相应的风险管理政策。

以我曾经服务过的一家企业为例。该企业的收入连续三年没有增长，连续三年目标没有实现，经过同学的推荐，该公司老总联系上了我。我在电话中先给他们布置了任务：回顾连续三年目标没有实现的差异及原因分析，思考未来三年目标实现的关键风险与关键机会。

等我到他们会议室时，五位核心高管已经将大家完成的作业投影在屏幕上。十几页 PPT，光差异原因分析就有几十条，大家不可谓不认真，关键风险也列了十多条。

我看过之后说："不是我们不努力，只怪敌人太狡猾，几十条造成目标差异的原因都是外部的，不可控的。"董事长沉默了许久后，略带尴尬地说道："我们之前也做过分析，总是感觉无力改变，过去的咱不纠结，请您再帮我们看看目标实现的关键风险。"

我告诉他们：一般情况下，公司实现 0 到 1 的成长之后，步入成熟期，企业就需要开始做系统目标管理，包括使命、愿景、价值观的梳理，要做愿景推演、战略规划、战略预算与月度的滚动预测。

在战略规划的过程中，我们需要找到关键成功要素，对于一些从一线中成长起来的，常常浸泡在一线的高管来说，他们有非常强的行业洞察力，很多时候能第一时间敏锐地找到关键成功要素。但是普通的管理层却很难那么容易地找到关键成功要素，如此我们希望通过风险管理的步骤和流程帮助大家找到关键成功要素。

通常情况下，给定财务目标，让大家识别风险，大家要么说一些"董事长语言"，诸如说采购的问题、销售的问题、财务的问题等。

在不同的场景里面，风险的概括维度其实是不同的。战略规划的时候讨论战略风险，战略预算的时候讨论战术风险，而 M+3 预测的时候则是讨论具体的经营风险。风险的概括维度越来越具体，渐进明细，它是一个相互承接的过程。

看战略风险，可以从价值链的维度谈客户类别风险、供应商类别风险、渠道类别风险、区域类别风险，不同类别的产品风险、运营风险，不同类别的关键人才风险，不同渠道的投融资风险等，不同国家类别的战略风险等。

外部的风险角度可以用 STEP 四个维度来讨论外部的风险。与我们相关的社会类、消费习惯的改变，流行趋势的改变，购物习惯的改变等给我们带来了重大的影响；跟我们相关的技术类，比如某某技术对我们的产品、运营、市场等等带来了哪些重大的影响；依此类推，汇率、通货膨胀、利率、税收政策、会计政策等的重大影响。

战略是要找到实现未来 3-5 年的目标的路径、方向和定位，所以需要对核心风险做出识别，然后根据识别出的关键风险，排兵布阵，从而管理风险，找到实现目标的相对大概率的实现路径，捍卫目标的实现。

风险管理体系被忽视的原因

稻盛和夫在其著作《京瓷会计学》里也提出了——对应原则和双重确认原则，他认为这两大原则是不让人犯罪的管理措施。其中，一一对应原则指的是，在处理账务时，不能笼统地记账，而必须逐一明确，对应处理；双重确认原则指的是，所有的票据处理、进出款项处理都由两个以上的人来做。

毫无疑问，企业风险管理这件事是非常重要的，但是，依然有很多企业不重视企业风险管理。究其原因，至少有以下三点。

第一，管理者过于相信员工

俗话说：用人不疑，疑人不用。很多企业家和管理层都担心背负不信任团队的恶名，不愿意建立风险管控体系，但是人性是有弱点的。

美国人曾经将企业的人分为三类人："好人""坏人"和"不好不坏的人"。其中，"好人"指的是那些有着自己的道德准绳，在利益面前，能够抵御诱惑、坚守底线的人；"坏人"是指那些没有机会也要挖空心思创造机会为自己谋福利的人；"不好不坏的人"则是指那些没有机会也就罢了，有了机会就抱着"不要白不要"的心态获取不当利益的人。他们在全球范围内进行了一次调研，调研问卷设计得非常严谨，如果你违反自己的真实感受填写了问卷会被识别出来作为无效答案。

调研结果发现，居然完全符合正态分布的规律。也就是说，在企业里面，有20%的"好人"，60%"不好不坏的人"，20%的"坏人"。企业不可能那么幸运，遇到的都是"好人"；当然，也不可能那么不幸，遇到的全是"坏人"。对于企业中的"坏人"，我们防不胜防，而且不可能有完美的企业风险管理体系，"坏人"始终在寻找系统的漏洞以期为己所用。

所以，企业需要不断优化自己的风险管理体系。正常的企业风险管理体系需要让"不好不坏的人"没有机会变成"坏人"，而且要让他们在风险管理体系的护航下变成"好人"。所以稻盛和夫说，管理的极致，在于让人不忍犯错。其实企业风险管理体系并非不相信员工的体系，而是用来保护员工的。不要因为错误的认知，就使企业错失了建立健康风险管理体系的机会。

第二，认为从没发生过问题

有的管理者说："我们从没发生过问题，所以不需要建立风险管理体系。"但是我们要知道，没发生可能只是你没有发现而已，而且就算过去没有发生，也不代表未来不会发生。随着企业的业务发展和管理环境的动态变化，舞弊事件随时有可能发生。所以很多发生过舞弊的公司的高管都呼吁，在企业内建立一个健全的风险管理体系是非常必要的。

第三，认为有外部审计师在检查财务报表

也有人这样认为："我们已经有外部审计师在审计我们的财务报表了，不需要再建立风险管理系统，这是劳民伤财，低效耗时。"但是外部审计师的目标是确保财务报表的及时、准确、完整：资产是真实存在的，负债、收入、成本费用等是及时准确完整的。外部审计师根本不关心资金、成本费用等是否符合公司战略目标的需要，所以只有企业内部的风险管理体系才能帮助企业寻找解决方案。因而，外部审计师代替不了企业风险管理体系的建设。

当然，还有很多人说"没时间"或者"有更加重要的事情"等，这些都是在认知上忽视企业风险管理重要性的行为表现。正是因为上述原因，才使得企业内职业舞弊比较严重。

随着竞争日益加剧，企业面临各种不确定的外部因素，经营风险逐渐增加。无论是哪一种问题，企业都要承担法律风险和经营风险。一旦出现问题，就会给企业带来损失。

职业舞弊数字化分析

本节关于舞弊的分析摘自 2020 年 ACFE 就发生舞弊的公司做的分析报告《ACFE2020 全球舞弊研究报告》。ACFE 是美国的注册舞弊稽查师协会,他们专门研究舞弊,在全球还有注册舞弊稽查师的考试。下面从分析报告中摘录部分内容给大家提供一些关于建设风险管理系统的思路和参考。

职业舞弊的类型

美国的安然事件和世通事件都是虚假财务报表舞弊,瑞幸咖啡事件也是由虚假财务报表而引发的。

2020 年 4 月,小蓝杯咖啡——瑞幸咖啡登上了舆论的风口浪尖,原因是瑞幸咖啡自爆财务数据造假。瑞幸咖啡在 4 月 2 日发布公告中称,从 2019 年第二季度到第四季度期间存在伪造交易行为,涉及销售总金额约为 22 亿元。其中,某些成本和费用也因虚假交易大幅膨胀。这一公告的发布,使整个行业为之震惊。

从舞弊类型来看,舞弊分三种:盗用资产、腐败和虚假财务报表。如图

5-1 所示，从发生概率上看，盗用资产的概率最高，达到了 86%；虚假财务报表发生的概率最低，只有 10%；但是虚假财务报表的损失最大，是其他的 4.5 倍甚至 9 倍左右。

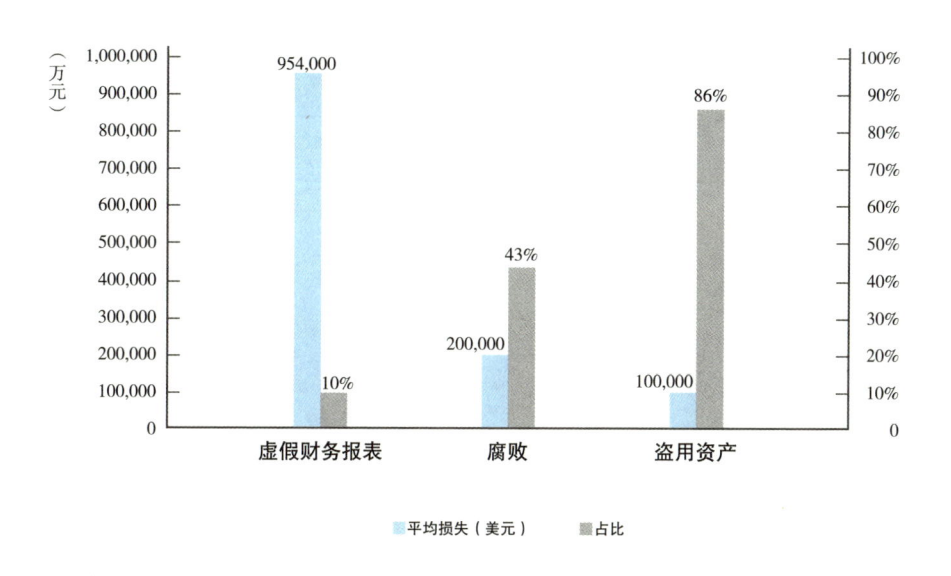

图 5-1 舞弊类型发生概率（2020 年 ACFE 报告）

不同舞弊类型的发生概率

有些公司会出现不同舞弊类型同时存在的现象，如图 5-2 所示就是这样的情况。有 4% 的公司是同时存在三种舞弊类型，27% 的公司是同时存在两种舞弊类型。

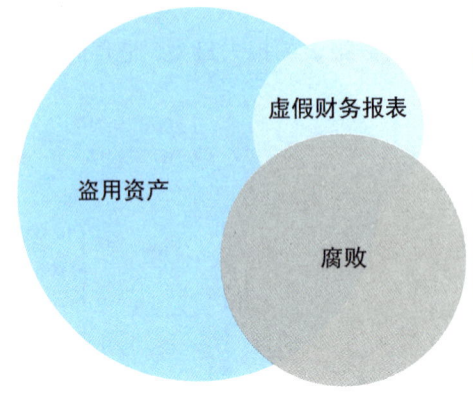

类型	比例
仅盗用资产	53%
盗用资产和腐败	26%
仅腐败	11%
盗用资产、腐败和虚假财务报表	5%
盗用资产和虚假财务报表	3%
仅虚假财务报表	2%
腐败和虚假财务报表	1%

图 5-2　不同舞弊类型的发生概率（2020 年 ACFE 报告）

舞弊者所在的部门

舞弊都发生在哪些部门呢？如图 5-3、表 5-1 所示，发生概率最大的、损失最大的是高管部门甚至董事部门。但是你会发现每一个部门都有可能会出现舞弊，只是发生概率和损失的程度有所不同。

第 5 章
战略目标风险管理

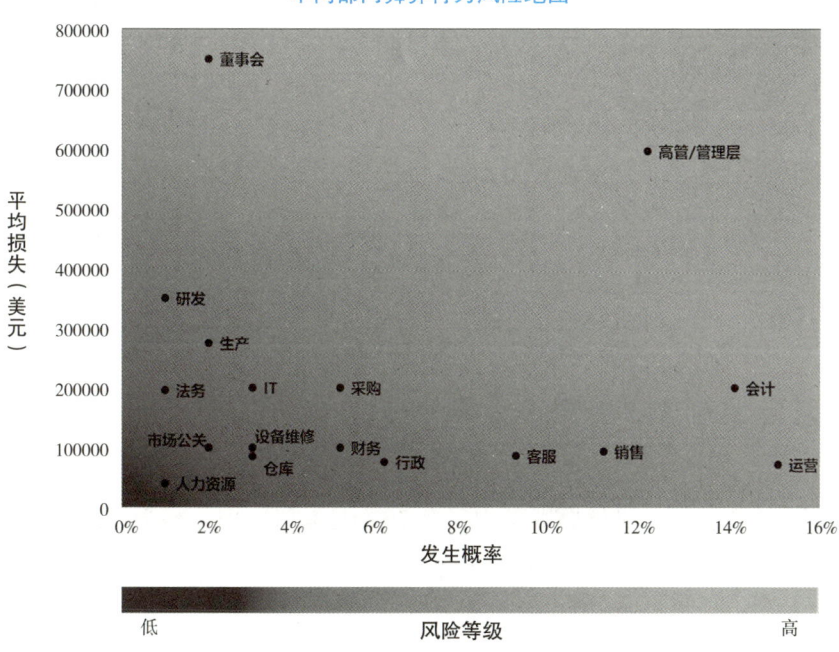

不同部门舞弊行为风险地图

图 5-3 舞弊者所在的部门（2020 年 ACFE 报告）

表 5-1 所有部门舞弊发生概率（2020 年 ACFE 报告）

部门	舞弊数量	数量占比	平均损失（美元）
运营	288	15%	72000
会计	277	14%	200000
高管/管理层	234	12%	596000
销售	225	11%	94000
客服	175	9%	86000
行政	116	6%	76000
财务	101	5%	100000
采购	96	5%	200000
IT	69	3%	200000

续表

部门	舞弊数量	数量占比	平均损失（美元）
设备维修	60	3%	100000
仓库	60	3%	85000
董事会	45	2%	750000
市场公关	40	2%	100000
生产	35	2%	275000
人力资源	27	1%	40000
研发	14	1%	350000
法务	13	1%	195000

高管与普通管理者的舞弊差异分析

如图 5-4 所示，虽然腐败者中只有 20% 是高管，但是高管舞弊带来的损失额平均为 60 万美元，非高管是 15 万美元。由此可见，高管的风险更高一些。

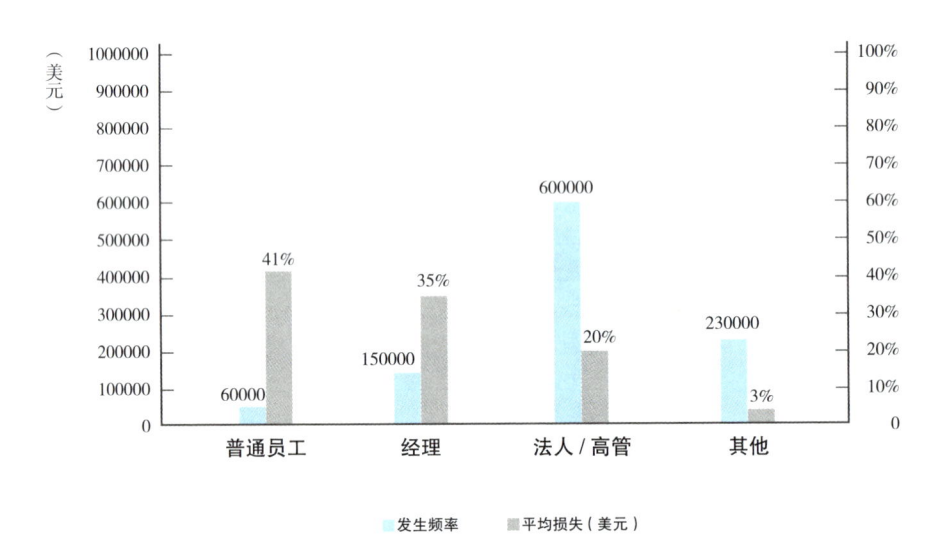

图 5-4　高管与普通管理者的舞弊对比（2020 年 ACFE 报告）

舞弊者的工作年限分析

我们可以发现一个趋势，工作年限越长，舞弊所带来的损失就越大，如图 5-5 所示。

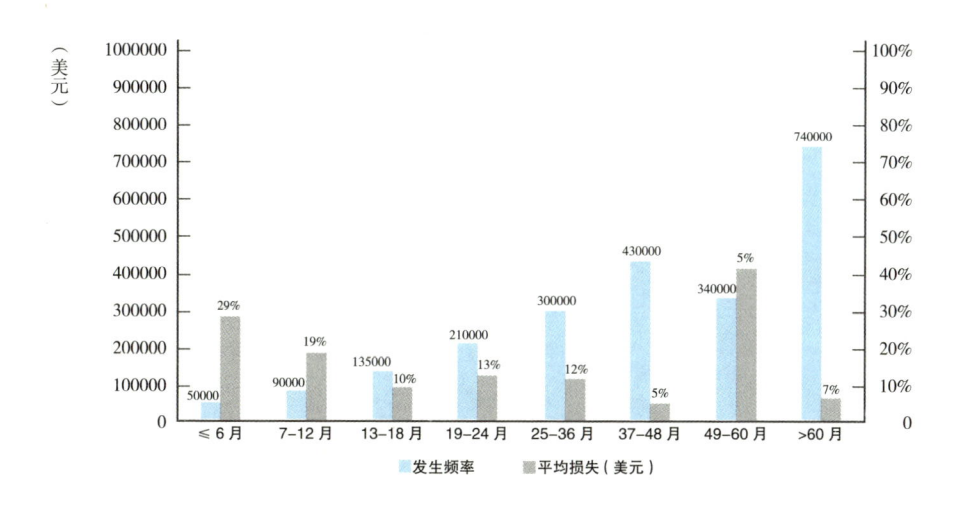

图 5-5　舞弊持续时间与舞弊损失之间的关系（2020 年 ACFE 报告）

从工作年限的维度来分析也是这样，如图 5-6 所示，工作年限越长，带来的损失金额越大，发生概率最大的是 1~5 年这个区间，发生次数接近总数的 1/2。

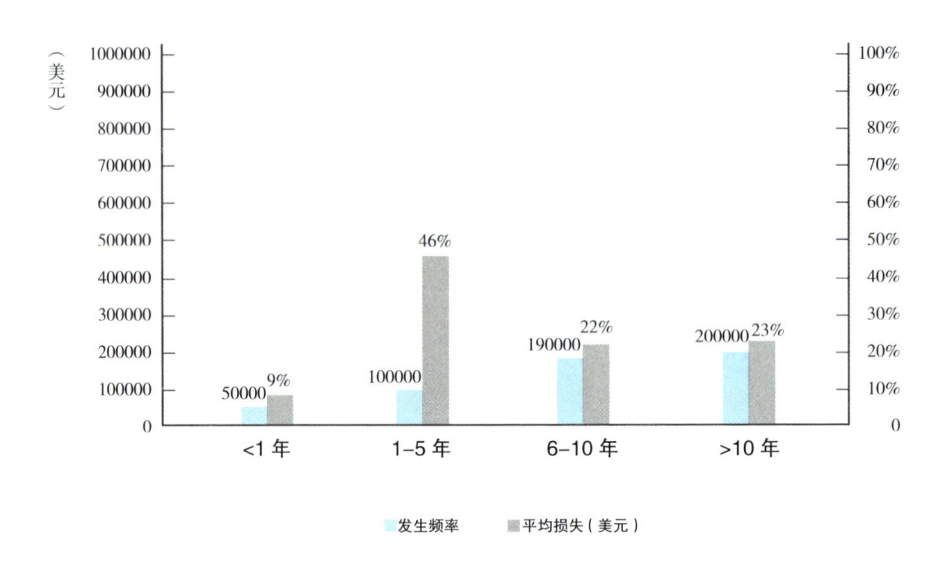

图 5-6　工作年限与损失金额之间的关系（2020 年 ACFE 报告）

发现舞弊的方式

发现舞弊的方式多种多样，如图 5-7 所示，可分为十一种。其中，除了意外暴露、主动忏悔和警察发现外，与风险管理系统相关的方法有八种。如图 5-8 所示，这八种方式还是非常有效地防止舞弊的方式，包括信息系统控制、监督检查系统、会计控制、内部审计、管理层审核、资料审核、热线、外部审计。

第 5 章 战略目标风险管理

平均损失（美元）	发现方式	持续时间（月）
900000	警察发现	24
225000	主动忏悔	17
200000	意外暴露	24
150000	外部审计	24
145000	举报	14
101000	档案检查	18
100000	管理层审核	17
100000	内部审计	12
81000	账目核对	7
80000	IT 控制	6
44000	视频监控	7

图例：被动发现；既非被动也非主动发现；主动发现

图 5-7 发现舞弊的方式与舞弊持续时间关系（2020 年 ACFE 报告）

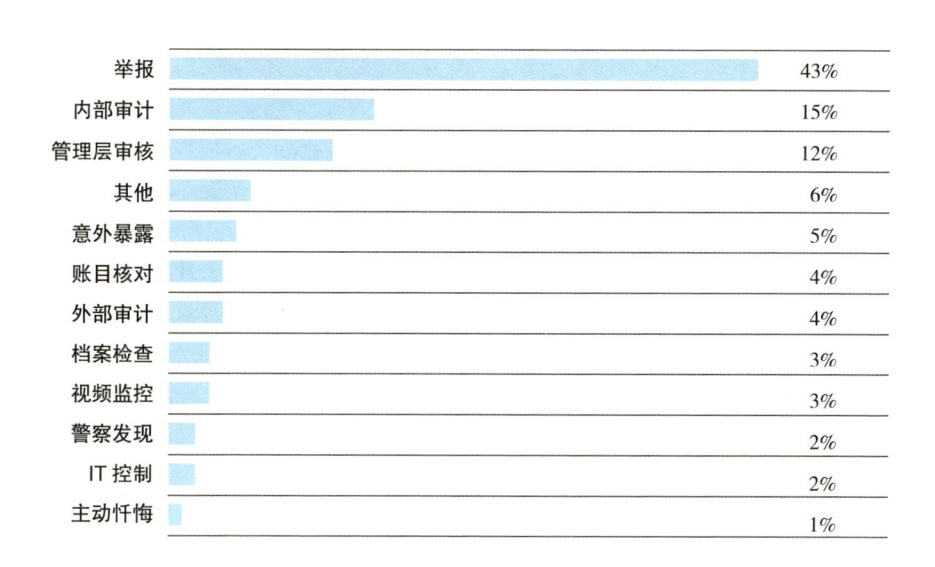

防止方式	比例
举报	43%
内部审计	15%
管理层审核	12%
其他	6%
意外暴露	5%
账目核对	4%
外部审计	4%
档案检查	3%
视频监控	3%
警察发现	2%
IT 控制	2%
主动忏悔	1%

图 5-8 防止舞弊的方式（2020 年 ACFE 报告）

谁举报了舞弊

热线分为员工举报、客户举报、匿名举报、供应商举报、竞争对手举报、股东举报和其他。其中，如图 5-9 所示，员工举报占举报总数的 1/2 以上，可见群众的眼睛是雪亮的。在这些匿名举报中，可能大多数还是员工的举报。由此可见，公司的热线设置还是非常有必要的。

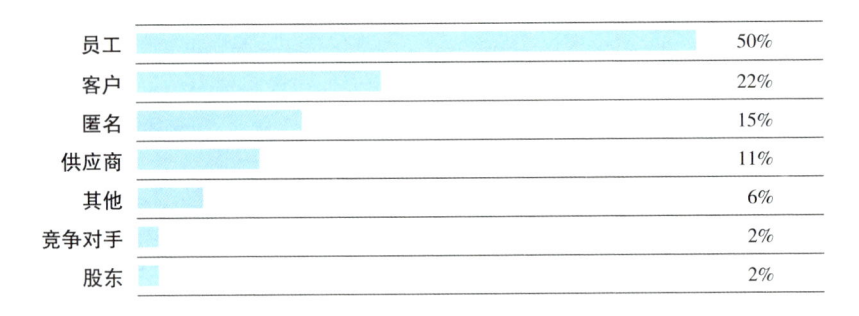

员工	50%
客户	22%
匿名	15%
供应商	11%
其他	6%
竞争对手	2%
股东	2%

图 5-9 举报舞弊的方式（2020 年 ACFE 报告）

通过对这些舞弊类型、舞弊者所在的部门、舞弊者的工作年限、发现舞弊的方式的分析，我们可以发现一些规律，在应对舞弊风险的方式方法上可以有所侧重，有所取舍。

COSO 的风险管理体系原则

企业的风险蕴含在运营的每一个环节，是企业管理的体系性问题。从整体来看，建立一套全面的风险管理制度，是应对在企业和项目管理过程中可能遇到的各类管理问题的关键。

COSO 的风险管理体系框架经历了三次迭代：2004 年时有五个要素，包括内部环境、风险评估、控制活动、信息与沟通和监督；后来延展到八大要素，包括内部环境、目标确认、风险识别、风险评估、风险应对、控制活动、信息与沟通和监督；2013 年时，优化成八大要素加原则的模式，即八要素加上十七大原则；2017 年，重新整理成了五大要素，二十大原则，这个框架变得更加系统更加完善。由此可见，方法论需要经过无数先哲们不断地践行、总结、提炼才可以上升到理论层面。

COSO 风险管理体系的五大要素如下：

第一，治理和文化

涉及五大原则：一是实现董事会对风险的监督；二是建立运作模式；三是定义期望的组织文化；四是展现对核心价值的承诺；五是吸引、发展并留住优秀人才。

第二，战略和目标设定

涉及四大原则：一是考虑业务环境；二是定义风险偏好；三是评估替代战略；四是建立业务目标。

第三，绩效

涉及五大原则：一是识别风险；二是评估风险的严重程度；三是风险排序；四是执行风险应对；五是建立风险的组合观。

第四，审阅与修订

涉及三大原则：一是评估重大变化；二是审阅风险与绩效；三是企业风险管理改进。

第五，信息、沟通与报告

涉及三大原则：一是利用信息技术；二是沟通风险信息；三是对风险、文化和绩效进行报告。

在本书中，我与大家分享与目标管理体系相关的两大要素：战略和目标设定，绩效。

战略和目标设定的四大原则

公司的设立需要有使命、愿景和价值观。有些公司在创立的时候没有这些，但是当企业慢慢地做到一定规模之后，就开始了寻根之旅。公司的使命、愿景和价值观是企业存在的意义。

在第三章中，我们提到企业的终极目标是实现企业的使命、愿景、核心价值观。这些是企业的底层文化逻辑，然而很多公司并不明白，导致经营地基发生崩溃。

在核心价值观的护佑下，战略是需要承接愿景的，一般会考虑三年的规划。战略目标如何制定呢？需要坚持四大原则。

原则一：考虑业务环境

战略制定和目标设定的步骤需要先进行现状分析，现状分析需要从内部和外部两个方面来评估。

对于外部的环境，可用PESTEL模型进行分析。

PESTEL分析模型又称大环境分析，是分析宏观环境的有效工具，不仅能够分析外部环境，而且能够识别一切对组织有冲击作用的力量。它是调查组织外部影响因素的方法，其每一个字母代表一个因素，可以分为六大因素。

其中，P为Political，代表政治因素，是指各种政策、法规、国内外的政治稳定性因素对公司的影响。有些国家有进出口的业务，涉及伊朗、埃塞俄比亚、巴西等政治不稳定或者经济不稳定的国家，就需要设定合适的风险系数。由于这些国家的业务的不确定性增加，所以在目标设定的信心指数和考核方法上都需要进行差异化管理。

E为Economic，代表经济因素，是指组织外部的经济结构、产业布局、资源状况、经济发展水平以及未来的经济走势等。

S为Social，代表社会因素，是指与自己所在的细分行业相关的消费者需求、人口等因素对公司的影响。比如，新冠疫情之后的1~2年里可能会存在短期的消费降级情况。这些对于很多公司应该都会有很大的影响，因此目标的设定要更加稳健。

T为Technological，代表技术因素，该因素与研发相关，比如4G、5G的影响，线上经济对线下经济的影响等。技术因素会影响社会需求的变化和经济的变化，所以商业模式的设计需要结合市场环境的大势。

E 为 Environmental，代表环境因素，是指自然或人为造成的灾害，包括持续的气候变化、能源消耗法规的变化，这些都会对企业带来影响。

L 为 Legal，代表法律因素，是指人力、消费者、健康和安全等方面的法律、监管和行业标准对企业带来的影响。

内部环境的因素包括资本、流程、人员、技术等方面，或者说内部的价值链，包括营销、研发、运营、供应链、HR、IT、财务等方面的能力现状。

不管是外部环境还是内部环境，在战略制定的过程中，大家需要评估的不只是风险，也可以识别这些因素的机会，当然机会背后的风险也需要考虑透彻。此外，还可以通过风险分析识别出机会。

原则二：定义风险偏好

COSO 建议企业在创造、维持和实现价值的背景下定义风险偏好。在获取价值的过程中，企业对愿意接受的风险类型和重要性水平会设置不同的层级。企业在战略层面、财务层面、经营层面的风险偏好不同，不同的部门可接受的风险类型和重要性水平不同，不同岗位可接受的风险类型和重要性水平不同，企业发展的不同阶段可接受的风险类型和重要性水平也会不同。

原则三：评估替代战略

战略是实现愿景的路径、方向、定位和选择。在制定战略的过程中，做什么很重要，不做什么也很重要。企业需要提出不同的替代战略，对所有的替代战略都进行严谨的风险评估，最终选择管理层认同的最安全的战略。

原则四：建立业务目标

制定战略的输出成果之一是业务目标。我们把战略的制定分为两个部分：一是公司战略；二是业务战略。业务战略是现在很流行的战略解码，需要承接公司战略，最终要落实到各个业务板块的目标上。目标是有不同层级的，有战略层面的目标，也有业务层面的目标。比如产品战略目标、市场战略目标、关键人才目标、关键资源目标。我曾辅导过的上海的一家企业，当年在武夷山战略规划结束之后，确定未来需要筹集5亿元资金，70个关键人才，同时确定了他们的市场战略和产品战略。

目标的质量标准可用SMART和BSC来衡量。SMART是指目标要尽可能明确、具体、可衡量、可实现，与企业使命、愿景、价值观相关，有时间限制，这样的目标才是有质量的目标。BSC在第二章中我们已经提到，是平衡计分卡的意思，可从思维制定目标，分别是财务目标、业务目标、内部流程目标和学习与成长目标，同时满足这四个维度的目标才能促进企业的健康可持续发展。

关于如何设定目标，有的老板经过多年目标仍然无法实现之后，开始失去信心，觉得这世界变化太快，定目标不靠谱，所以不愿意制定目标。其实商场如战场，在战场上，元帅大喊"往前冲"，但是士兵并不知道"前"具体是指哪个方向，那么这场战斗的结果不言而喻。现实生活中，存在很多这样的现象。制定目标很难，但是再难也必须面对，设定好一个有逻辑、有共识的目标。战略目标比经营目标更加重要，正如小米创始人雷军所说："不要用战术上的勤奋替代战略上的懒惰。"

绩效设计的五大原则

在绩效设计时，需要坚持五大原则。

原则一：识别风险

企业需要识别的风险包括两个步骤和一个方法。

（1）识别新的风险、正在出现的风险和变异的风险，具体包括以下五种。

①由业务目标变化所产生的风险；

②由商业环境变化所产生的风险；

③与商业环境变化相关的风险；

④之前未知的风险。佛家有句话说，我们认识的世界从未离开过我们的认识，这是最难识别的风险，我们可以邀请一些行业专家和专业的专家参与；

⑤之前已经识别的风险。

（2）风险清单分析分类。

识别后的所有风险清单，需要进行分析、分类，为不同类别的风险确定标准的定义。

（3）风险识别的方法。

风险识别的方法包括数据分析、数据追踪建模、面谈、关键指标分析、流程分析和专题会等。由于不同的部门、不同立场的人员看到的风险不同，所以我们也常常用德尔菲法来识别风险，评估风险。

德尔菲法，也称专家调查法，是1946年由美国兰德公司创始实行。德尔菲法在本质上是一种反馈匿名函询法，其大致流程为：首先，对所要预测的问题征得专家的意见；其次，对专家的意见进行整理、归纳、统计；再次，再匿名反馈给各专家，再次征求意见，再集中，再反馈，直至得到一致的意见。

原则二：评估风险的严重程度

在进行风险评估时，我们需要考虑风险的发生概率和影响程度。可以选择定性的分析，也可以选择定量的分析。我们可以把上面识别出来的风险事件清单放入风险地图，如图 5-10 所示是一张在战略制定的过程中我们常用的一个风险地图。

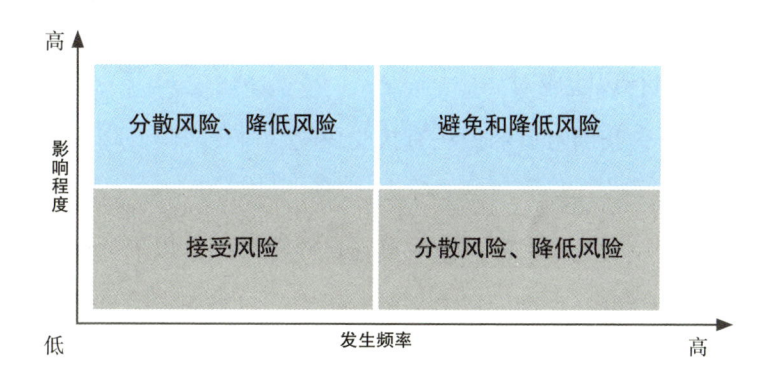

图 5-10 风险地图

在风险评估中，管理层需要考虑固有风险、目标剩余风险和实际剩余风险。这是风险评估中不容忽视的一个重要部分。

其中，固有风险是指在管理层没有采取任何风险应对措施来改变风险严重程度的时候，企业固有的风险；目标剩余风险是指在了解管理层将要或已经采取风险应对措施来改变风险的严重程度之后，企业在实施战略和业务目标时，所愿意承担的风险；实际剩余风险是指在管理层已经采取了调整风险严重程度的措施之后，依然剩下的风险。

当实际剩余风险大于目标剩余风险时，需要采取额外的行动让管理层进一步管理风险。

原则三：风险排序

对那些超过风险偏好程度的风险，需要进行风险排序，作为风险应对的依据。资源配置也会因风险排序进行优化。最直接的方法就是在风险评估的时候采用评分法，比如说发生频率用1-5分来打分，影响程度用1-5分来打分，最后得分用发生频率得分乘以影响程度得分，分数评出之后，就比较方便排序了。

原则四：执行风险应对

应对风险时，我们常见的做法有接受风险、避免风险、降低风险和分散风险四种类型。

其中，接受风险是指风险严重程度在风险偏好程度以下的风险，我们可以接受，高出风险偏好程度的风险需要有风险应对措施。如果在实施应对措施之后，还是无法接受目标剩余风险，那么就需要考虑避免风险的举措了。

避免风险是什么意思呢？比如说赊销会带来坏账风险，避免风险的意思就是不做赊销，不做赊销就不会有坏账风险，然而，虽然收款风险没有了，但是销售风险增加了。由此，市场占有率下降所带来的风险如果是企业不能承受之重的话，可能就只能考虑降低风险的方法。赊销风险的降低方法其实是把客户分层，特别高风险的客户不合作，拒绝这些高风险客户也是避免风险的思路。同时，风险会发生转化，巴西的蝴蝶扇扇翅膀，美国会发生风暴，企业经营是一个复杂的系统，风险也会出现按下葫芦浮起瓢的现象。所以要从公司全局的角度来做风险管理。

降低风险是指应对措施实施后可以降低风险的影响程度，或者降低风险的发生频率，来降低风险的严重程度的应对方案。比如，很多公司为了降低赊销带来的坏账风险，会设计严谨的客户信用管理机制。在事前、事中和事后进行系统的管控，从而保障坏账带来的损失降低到可以接受的范围之内。

分散风险是指找到另一个主体来分担风险的应对措施，比如赊销风险，通过购买信用保险或者银行的保理业务都可以在一定程度上分散风险。比如供应商的选择，如果只有一个供应商的话，万一供应商出了问题，企业的经营就会受到影响。客户和团队也是这样，培养人才梯队也是分散风险的一种举措。

在实际经营过程中，常常会同时做几种应对方案。以赊销为例，不只要建立信用管理机制，还要购买信用保险和信用保理。在经过多种应对措施集中管理之后，剩余风险如果是达到了风险偏好的程度以下，则应对措施有效。如果发现还在风险偏好的程度以上，就需要进一步优化信用管理机制，进一步降低风险。比如，对坏账进行风险管理，需要提炼存在坏账客户的特征，然后优化信用管理机制，对于有坏账特征的客户要降低信用额度，缩短账期，如果不能接受，宁愿不与之合作也不能妥协。当然在实际经营的过程中，可能不会如此僵化，需要一定的管理艺术。总而言之，最关键的评估要素是实际剩余风险是否可接受。

原则五：建立风险的组合观

一只南美洲亚马孙河流域热带雨林中的蝴蝶，偶尔扇动了几下翅膀，就可以在两周以后让美国得克萨斯州刮起一场龙卷风。这就是"蝴蝶效应"。不同主体之间的风险是会转换的，比如销售风险的降低可能带来财务风险的增加，研发风险的降低可能带来人力资源风险的增加。经营需要有全局思维，用组合的视角来评估风险。建立风险的组合观，董事会和管理层会更加清晰地理解风险类别、损失程度和风险之间的关联性。

用生活中的一个小故事来模拟风险管理这九个关键原则。我们每个人都希望自己拥有健康的人生。有人说要长命百岁，这就是他的战略目标。这个战略目标要结合内部和外部环境。

第一，外部环境会影响我们的战略目标。在古代，平均寿命大概只有50岁，提出长命百岁的目标，挑战性非常大，因为寿命与我医疗环境和周围的医疗资源密切相关。有兴趣的朋友可以用PESTEL模式分析，你会发现每个模块都会有直接影响我们寿命的因素。

第二，内部环境也会影响我们的战略目标。比如我们的体质，是不是经常生病，或者过去是否生过大病等因素，都会影响我们长寿目标的设定。一旦确定了目标，接下来我们需要定义我们的风险偏好，是风险激进型、保守型，还是适中型。替代战略好比说，如果生命只剩下最后三天，我们需要怎样精彩地活着。当我们追求不了生命的长度，要如何追求生命的质量，让灵魂更加纯粹一点。

第三，当评估完内部和外部风险之后，接下来我们需要识别哪些风险阻碍我们实现这一目标。我们可以从饮食习惯、睡眠习惯、运动习惯、工作习惯、交友习惯等方面综合识别风险。

第四，评估风险的严重程度，我们可以用风险地图来评估风险，分别从发生的概率和影响程度两个维度来评估。以喝酒为例，喝酒有害身体健康，如果你不喝酒，那么这个风险发生的概率是零；偶尔喝酒的人，那么风险发生频率比较低；如果你有高血压，那么这个影响程度就会变很高。当然这个评估方法也可以用定量的方法来做，如果无法量化，可以用打分的方式，关键是看不同风险之间的相对趋势，根据经验值来评分。

第五，评估风险的严重程度之后，可以对这些风险进行排序。比如长期喝酒不利于身体健康，那么就需要制定严格的管理办法进行，可采用事前预防、事中控制、事后运动等多种配套方法来达到长命百岁的目标。

后记

2020 年是一个非常不寻常的年份。当疫情来临，企业经营大多被按下了暂停键，而坤睿也不例外。项目无法去现场开展，新项目一个一个的停摆，我们不得不将团队的主要工作变成学习和复盘。于是在工作之外，我拥有了空前多的计划外时间。

如何有效地管理好这些时间？在这个互联网盛行的时代，我开始思索，如何把过去的课程变成视频。其实在此之前，我已经在喜马拉雅上线了音频课程《方岚的数字化管理实战课》。经过一番深思熟虑之后，我打算把过去的线下课程转化成视频课程，以造福更多的朋友们。于是就有了一遍又一遍脚本的修改、一帧一帧视频的录制、修改和剪辑。

当录完视频之后，我却觉得这短暂的几个小时的时间很难尽述企业管理会计的应用场景。如何应用管理会计以及国际先进的管理方法论助力更多的企业和顾问？

显然，只有系列视频课程是远远不够的，我想把这些专业场景凝练成实用的干货，于是便有了这本《利润是设计出来的》。

孔子说："书不尽言，言不尽意。"一本书的体量是很难将管理会计知识全部囊括其中的。所以，为了帮助更多的企业和顾问学习和应用更多的管理会计知识，我准备把书继续写下去。未来，我会接着写作两种类型的书籍：一是《利润是设计出来的》的专业工具书系列，二是《好预算定乾坤》的小说体系列。通过这两种类型的系列书籍，将一个个真实的应用场景模拟出来，手把手教大家如何举一反三。

打算写书的初心就是希望把我这些年来对于经营的积累和对于管理会计的理解分享出来，如果可以带给读者点滴启发和帮助，也算对得起这么多年来一直喜欢坤睿、支持坤睿的朋友们。希望可以为企业的健康可持续发展添砖加瓦，也为千万拼搏在各个岗位上的有识之士尽绵薄之力。

本书可以顺利成文，再次感谢信维通信的董事长彭浩先生，光明食品集团资产经营管理有限公司的董事长周勇先生，新界泵业浙江有限公司董事长许敏田先生，江苏鸿萌集团董事长吴红清先生，中国政法大学的张苏彤教授，上海国家会计学院的李扣庆院长，坤睿咨询执行顾问隋松先生，坤睿咨询的执行顾问戴奕先生，以及蒋俊杰先生和刘艳女士的大力支持。在成书的过程中，各位朋友提供了很多素材，非常感谢大家的智慧分享。

最后，谨以此书献给默默支持我的家人、坤睿的伙伴们、一直支持我们的每一个客户，以及在项目中与我们并肩奋战的朋友们。

借此宝地，祝愿大家健康、快乐、幸福！

方岚

2021 年 7 月 23 日

读书笔记

读书笔记

读书笔记

好书是俊杰之士的心血，智读汇为您精选上品好书

习惯比天性更顽固，要想登顶成功者殿堂，你必须更强！这是一本打赢习惯改造战争亲历者的笔记实录和探索心语。

狮虎搏斗，揭示领导力与引导技术之间鲜为人知的秘密。9个关键时刻及大量热门引导工具，助你打造高效团队以达成共同目标。

这本书系统地教会你如何打造个人IP，其实更是一本自我成长修炼的方法论。

这是一本向3M光辉创新历史致敬的书，本书是对创新理论的再认识，也是对企业发展基础再思考的过程。

本书是一位阿米巴经营顾问的感悟，一本中国企业阿米巴经营落地教材，打开阿米巴经营的金钥匙。

这是普通销售员向优秀销售员蜕变的法宝。书中解密了销售布局，包括销售逻辑、销售规律和销售目标。

本书每章按理论、典型人物、工具介绍和实践的逻辑结构展开。是每一个有志成为创新领导者的读者案头的工具书。

目标引擎，是指制定目标后，由目标本身而引发的驱动力，包括制定目标背后的思考、目标落地与执行追踪。

本书分力量篇、实战篇、系统篇三部分。以4N绩效多年入企辅导案例为基础而成，对绩效增长具有极高的实战指导意义。

更多好书 >>

智读汇淘宝店　　智读汇微店

让我们一起读书吧，智读汇邀您呈现精彩好笔记

一智读汇一起读书俱乐部读书笔记征稿启事一

亲爱的书友：

感谢您对智读汇及智读汇·名师书苑签约作者的支持和鼓励，很高兴与您在书海中相遇。我们倡导学以致用、知行合一，特别打造一起读书，推出互联网时代学习与成长群。通过从读书到微课分享到线下课程与入企辅导等全方位、立体化的尊贵服务，助您突破阅读、卓越成长！

书 好书是俊杰之士的心血，智读汇为您精选上品好书。

课 首创图书售后服务，关注公众号、加入读者社群即可收听/收看作者精彩微课还有线上读书活动，聆听作者与书友互动分享。

社群 圣贤曰："物以类聚，人以群分。"这是购买、阅读好书的书友专享社群，以书会友，无限可能。

在此，我们诚挚地向您发出邀请：请您将本书的读书笔记发给我们。

同时，如果您还有珍藏的好书，并为之记录读书心得与感悟；如果你在阅读的旅程中也有一份感动与收获；如果你也和我们一样，与书为友、与书为伴……欢迎您和我们一起，为更多书友呈现精彩的读书笔记。

笔记要求：经管、社科或人文类图书原创读书笔记，字数2000字以上。

一起读书进社群、读书笔记投稿微信：15921181308

读书笔记被"智读汇"公众号选用即回馈精美图书1本（包邮）。

智读汇系列精品图书诚征优质书稿

智读汇云学习生态出版中心是以"内容+"为核心理念的教育图书出版和传播平台，与出版社及社会各界强强联手，整合一流的内容资源，多年来在业内享有良好的信誉和口碑。本出版中心是《培训》杂志理事单位，及众多培训机构、讲师平台、商会和行业协会图书出版支持单位。

向致力于为中国企业发展奉献智慧，提供培训与咨询的**培训师、咨询师**，优秀的创业型企业、企业家和社会各界名流诚征优质书稿和全媒体出版计划，同时承接讲师课程价值塑造及企业品牌形象的**视频微课、音像光盘、微电影、电视讲座、创业史纪录片、动画宣传**等。

出版咨询：13816981508，15921181308（兼微信）

— 智读汇书苑 094 —
关注回复094 **试读本** 抢先看

● 更多精彩好课内容请登录 智读汇网：www.zduhui.com